教學活動系列

國語文
教學活動設計

潘麗珠◎著

目　次

自序

潘麗珠

　　從很早以前就希望能寫一本有關「教學方法」的書，希望自己在課堂上所實踐的、獲得良好回響的動態教學方式，能夠與眾多志同道合的朋友分享。筆者所深愛的國語文課程，絕對不只一種單向講授的教學方式，同時也絕對不是單調無聊的課，她是極有情趣、能夠讓學生從學習中得到快樂的。為了落實這樣的理念，度過了許多搜索枯腸、絞盡腦汁的寒、暑假，然後在接下來的學期，於課堂上按照進度一一實驗。

　　另一個促使筆者寫這本書的原因，是為了表達對恩師曾忠華教授的感念。老師約在八年前退休，赴美養病前夕，親自告訴筆者，希望能夠承接他在師大國文系「教材教法」的棒子，甚至帶著筆者面見當時的系主任。然而種種因素，八年過去，直到九十學年度，終於才能夠達成老師的期望。不過，這八年來關於「教材教法」應該鍛練的功課，筆者並沒有忘記，就算不講授這門課，老師的器重之情，依然銘記在心。而今水到渠成，期盼能在老師既有的基礎上，將老師對

「教材教法」的熱忱與精神發揚光大。

　　近年來臺灣教育制度的變革十分巨大，師資培育多元化、教科書版本開放、九年一貫新學制、高中和大學聯考走入歷史……時代真的不一樣了，在這個不一樣的時代裡，身處第一線、首當其衝的國語文教師們，更要審慎思考教學應有的策略。平心而論，良好的教材如果缺乏優秀的教學法，也是枉然。我們不妨想一想：所謂的優良教師，究竟是指他所使用的教材好？還是他把教材教得好呢？答案昭然若揭。有一部西方電影叫「親愛的，我把孩子變小了」，教師如果能夠大聲地對學生說「親愛的，我把國語文課變有趣了」，那有多好！不管制度、政策怎麼變，學生對上課的心理需求是不會變的。因此藉由「教學活動設計」，筆者有意將國語文課程導向動態的、趣味的、雙向的、以學生為主體的、具高效率學習效果的教學方式。基於這樣的理念，本書以示例的方式，設計了如下的篇章：

　　第一，「白話文」篇，包含：〈匆匆〉的教學活動設計、〈故鄉的桂花雨〉的教學活動設計、〈數字人生〉的教學活動設計、〈風箏〉的教學活動設計、〈臉譜〉的教學活動設計、〈散戲〉的教學活動設計等六篇文章。

　　第二，「現代詩」篇，包含：〈麥當勞午餐時間〉的教學活動設計、〈車過枋寮〉的教學活動設計、〈立場〉的教學活動

設計等三篇文章。

第三，「古典文學」篇，包含：〈春夜宴從弟桃花園序〉的教學活動設計、〈赤壁賦〉的教學活動設計、《牡丹亭‧驚夢》之「遊園」的教學活動設計，也是三篇文章。

第四，「教學統整」篇，這是針對「九年一貫」學制而撰寫的文章，共計三篇文章：九年一貫國語文學科內之統整教學設計——以「友情」主題為例、九年一貫國語文學科內之統整實踐——以「愛情」主題為例、九年一貫國語文學科與音樂、美術、體育學科之統整設計——以關漢卿〈南呂四塊玉‧閒適〉為例。

這些教學活動設計，都是筆者自創，大部分經過實踐，並得到了極佳的迴響。當學生的眼神亮起來，嘴角有了笑意，腦筋靈活多了，想法更為深入，並且開始主動閱讀課內相關的文學書籍和課外書，於是筆者知道：國語文的學習，又幫助一批學生掌握了開啟文學花園、文化殿堂的鑰匙。

素來以為：國語文的教育不只具有工具性質，更重要的是良好人生觀念的建立，以及文化涵養的薰陶與紮根。政治、經濟的衰退都猶有可救，文化的衰微卻令我們的人民、我們的民族永劫不復。站在第一線的國語文教師們，不能只把教書視為工作，更應該視為使命——與淺薄交戰、與混亂交鋒、與沉淪抗衡的使命！未來，如果我們的領導者，我們

的在上位者，我們的中央或地方民代，經由他們的國語文教師的調教，自我發展之後，更加提昇了國語文程度，文化的涵養因而更好，那麼我們國家的氣勢和人民的素養必然大大地令世界刮目相看！

本書能夠面世，要感謝陳師滿銘與許師錟輝的鼓勵，萬卷樓梁錦興總經理的支持。當然，外子龍立是極重要的推手，他嚴格地自我要求、超級用功，令筆者思齊、不敢懈怠；而一雙兒女所帶來的天倫之樂，也是筆者前進的動力。

至於，這本書能否得到廣大讀者的共鳴？且讓我們拭目以待吧！

白話文

篇

國語文教學活動設計

〈匆匆〉
的教學活動設計

甲老師：學長，下一課白話文怎麼教啊？

乙老師：怎麼教？讓學生自己看不就得了。

甲老師：這樣好嗎？

乙老師：以前我們的老師一遇到白話文，不就是叫我們
　　　　自己看嗎？

甲老師：哦……？？？

　　上述的對話，相信許多教師並不覺得陌生。國、高中教科書的版本全面開放之後，白話文在國文課本中的比例只增不減。但是，就筆者所知，中學教師最不擅長的，就是白話文的教學。我們都有過類似的經驗，一遇到白話文，老師不是讓學生自己看（應該看得懂嘛！），就是簡單帶過。然而，這樣的教學有什麼意義呢？學生學到了什麼？

　　其實每一課白話文，應該都有可資學習的重點，或許是結構方式，或許是遣詞用字，或許是義理觀念，或許是情意

陶冶，或許是作者地位……。由於白話文更接近我們的社會
和生活，相較於文言文，在語言運用和寫作技巧方面，具有
學習後方便直接應用的特徵，因此教師應該先問：預計運用
這一課白話文，教給學生什麼？是寫作技巧？修辭鍛鍊？還
是生活品味？道理思辨？這是教學目標的設定。目標的設定
可以單一，也可以複合。有了目標的設定，即針對所設定之
目標，思索「以學生爲學習主體」的教學策略，設計教學活
動。

　　除了原有的「基本教學流程」（作者介紹、題解講述、
生字詞解釋等等）之外，在教學進行中，配合基本教學流
程，適時加入所設計的活動，甚至以活動代替講述，踐履
「學生在活動中學習」的概念，以幫助學生愉快地、確實
地、有效地達成學習目標，完成教學任務。這就是本文「教
學活動設計」的原委與目的。以下以朱自清〈匆匆〉一文爲例
提出淺見，謹供參考。

原文

　　燕子去了，有再來的時候；楊柳枯了，有再青的
時候；桃花謝了，有再開的時候。但是，聰明的，你
告訴我，我們的日子爲什麼一去不復返呢？——是有
人偷了他們罷；那是誰？又藏在何處呢？是他們自己

逃走了罷；現在又到了那裡呢？

　　我不知道他們給了我多少日子，但我的手確乎是漸漸空虛了。在默默裡算著，八千多日子已經從我手中溜去，像針尖上一滴水滴在大海裡。我的日子滴在時間的流裡，沒有聲音，也沒有影子。我不禁汗涔涔而淚潸潸了。

　　去的儘管去了，來的儘管來著；去來的中間，又怎樣地匆匆呢？早上我起來的時候，小屋裡射進兩三方斜斜的太陽。太陽他有腳啊，輕輕悄悄地挪移了；我也茫茫然跟著旋轉。於是——洗手的時候，日子從水盆裡過去；吃飯的時候，日子從飯碗裡過去；默默時，便從凝然的雙眼前過去。我覺察他去的匆匆了，伸出手遮挽時，他又從遮挽著的手邊過去；天黑時，我躺在床上，他便伶伶俐俐地從我身上跨過，從我腳邊飛去了。等我睜開眼和太陽再見，這算又溜走了一日。我掩著面嘆息，但是新來的日子的影兒——又開始在嘆息裡閃過了。

　　在逃去如飛的日子裡，在千門萬戶的世界裡的我能做些什麼呢？只有徘徊罷了，只有匆匆罷了；在八千多日的匆匆裡，除徘徊外，又剩些什麼呢？過去的日子如輕煙，被微風吹散了；如薄霧，被初陽蒸融

了；我留著些什麼痕跡呢？我何曾留著像游絲樣的痕跡呢？我赤裸裸地來到這世界，轉眼間也將赤裸裸地回去吧？但不能平的，為什麼偏白白走這一遭啊？

　　你，聰明的，告訴我，我們的日子為什麼一去不復返呢？

重點分析

　　首先，這篇文章在修辭方面如排比句、類疊句和反詰句等極有特色，教學時可多作發揮，以強化學生的學習記憶及應用能力。

　　其次，這是一篇極富抒情韻味、具有詩意的文章，宜讓學生透過聲情活動好好地讀一讀，能夠背下來最好。

　　再者，就文義而言，時間流逝之快，是既公平又令人無奈的。智者知道應該及時把握，渾渾噩噩者很容易一事無成。為了讓學生感知自己有無浪費光陰，可以採仿照的方式接寫第三段。

　　因此，本文的教學活動設計大抵針對上述幾點出發。目標在於：

　　㈠修辭鍛鍊。

　　㈡有情韻地朗讀全文，並加以背誦。

　　㈢感受時間之易逝，積極地調整習慣，善加利用時間。

教學活動設計

一、問題討論活動

活動說明

(一)將學生分組，三或四人一組，討論下列問題，將答案寫在紙上。教師抽組，由各組推派一人上台報告答案。

(二)此活動可以察知學生是否確實明白文中的修辭方法。

問題一：本文有哪些排比句、類疊句和反詰句？

問題二：文中哪裡運用了擬人法？效果如何？

問題三：你最喜歡文中哪些句子？為什麼？

注意事項

活動進行前，教師宜講解何謂「排比句、類疊句和反詰句」，以及「擬人法」。

二、朗讀重要段落比賽

活動說明

(一)分小組後（人數由教師斟酌），各組推選一人上台朗

讀自選之段落，由他組學生共同評分（以打等第的方式亦可）。也可以用唱遊方式傳遞某物，邊傳邊唱，教師背過身去一段時間喊「停」，看某物停在哪位學生桌上，該生即朗讀自選之段落，由他人加以評分。

㈡此活動可以讓學生一方面學習朗讀，一方面熟習課文，在熟習過程中受到文章精義的潛移默化。運用遊戲的方式以增加學生的學習興趣。

注意事項

教師先指導學生如何才是正確的朗讀，以及朗讀時的注意事項。（可參考萬卷樓出版之《雅歌清韻──吟詩讀文一起來》之白話文朗讀部分）

三、仿寫名句或有特色的句子

活動說明

㈠預先將以下句子寫在投影片上，於課堂上秀給學生看；或以印講義的方式發給學生。再請學生針對畫線處加以仿寫，然後指定學生上台將仿寫句板書於黑板，大家共同討論之。

㈡此活動可以讓學生實際操作佳句之學習，並融入新

意。如：

- 燕子去了，有再來的時候；楊柳枯了，有再青的時候；桃花謝了，有再開的時候。
- 像針尖上一滴水滴在大海裡。
- 我的日子滴在時間的流裡，沒有聲音，也沒有影子。
- 洗手的時候，日子從水盆裡過去；吃飯的時候，日子從飯碗裡過去；默默時，便從凝然的雙眼前過去。
- 過去的日子，如輕煙，被微風吹散了；如薄霧，被初陽蒸融了。

注意事項

　　教師宜說明「仿寫」的意義，並提醒畫線文句之特色或上下文之對應關係。必要時可舉例說明之。

提　　示

- 和春天的季節有關的植物，植物名稱的平仄要注意。
- 是譬喻句，一滴水和大海是極小與極大的對比。
- 聲音是聽覺，影子是視覺。
- 洗手和水盆、吃飯和飯碗、默默和凝然的雙眼互有關聯。
- 煙才可能被吹散，霧才可能被蒸融。

四、仿擬接寫第三段

<table><tr><td>活動說明</td></tr></table>

　　㈠依據原文第一、二段的發展，第三段從「去的儘管去了，來的儘管來著」下面重新仿擬接寫下去，完成嶄新的第三段，字數大約與原文相近即可。第四段和第五段一樣保留。

　　㈡此活動可以讓學生思索上下段落文意的接續與連貫，以及修辭特色的仿擬。

<table><tr><td>注意事項</td></tr></table>

　　㈠教師宜說明「接寫」練習的意義與目的。

　　㈡此活動可採隨堂作業之方式，請學生回家練習，次日繳交；也可以配合作文課進行。將優秀之習作公開發表或製成投影片秀出，供學生觀摩。

五、趣味有獎搶答

<table><tr><td>活動說明</td></tr></table>

　　㈠準備幾個小獎品如書籤卡、糖果之類，設計一些問題

（如以下三問）讓學生搶答。答對者獲小獎品一個。

　　㈡此活動目的在於以趣味方式讓學生細讀文中的詞意，並鼓勵踴躍作答。

| 第一問 |：朱自清寫這篇文章時大約幾歲？為什麼？

| 第二問 |：本文有幾個疊字詞？請舉出二個實例。

| 第三問 |：第一段的「他們」和第二段的「他們」意義有什麼不同？

> 注意事項

　　㈠已獲獎之學生若再舉手，教師宜將機會給予其他學生。

　　㈡此活動之進行時機，宜安排在學生對文章有初步理解之後。

六、廣播配樂的作業設計

> 活動說明

　　㈠請學生將〈匆匆〉一文以朗讀方式錄音，並加入襯樂，做成錄音帶，當做一項重要作業繳回。

　　㈡此活動有助於學生深入文章的情感及韻味，並正確操作朗讀的方法。

注意事項

㈠提醒學生襯樂不宜喧賓奪主，並需扣合文章情韻。

㈡給學生充分時間製作錄音帶。

㈢以分組方式讓學生三、四人合作完成錄音帶亦可。

〈故鄉的桂花雨〉
的教學活動設計

　　教學方式有多少種呢？確實的答案，筆者不知道，但至少不是只有一種。我們通常馴服於習慣而不自覺，而已然存在的習慣其實也是經由時間的累積，逐漸形成。教學方式也有習慣性，但此一習慣若不夠好，教師便應該考慮建立新的習慣以取代舊的習慣。筆者的意思是：教師宜多方設想能夠讓學生如何學得快、學得好、學得有興趣，一旦離開教室也能夠獨立自學。因此，筆者的教學活動設計，謹提供給教師們參考，歡迎舉一反三。此次的課題是〈故鄉的桂花雨〉。

　　在進入〈故鄉的桂花雨〉教學活動設計之前，先介紹歐美「威廉姆斯創造性教學模式」的理念與原則，讓讀者明白此次教學活動設計的理念根源。

　　威廉姆斯創造性教學模式，其基本理論依據是：創造性教學是教師的創造性教學行為、學生的創造性學習行為和課程的創造性結構組成與表現形式三者相互影響的過程與結果。教師與學生的行為都涉及認知與情意兩方面，課程的創

造性結構組成與表現形式則涉及自然科學、社會科學和人文
科學的結合與融入。課程、教師、學生三個層面是相互影
響、正反相向的。威廉姆斯對於該模式的使用，提出八條原
則：

　㈠**情境原則**。塑造創造性教學的情境或氣氛，包括教學
組織形式、方法、師生關係、教學環境布置等，這種情境是
和諧、自由、引人興趣的。

　㈡**問題原則**。鼓勵學生自己提出問題，經由讓他們獨立
解決問題的過程而建立自尊和責任感。

　㈢**創新原則**。支持學生提出更多更好的新觀念，對他們
的標新立異給予及時肯定，即使是不適當的觀念也不要立即
否定，而是讓學生自己體認它。

　㈣**幫助原則**。當學生表現不佳、發揮失常時，要加以體
諒、理解、安慰和鼓勵，幫助他們找出原因，走出困境。

　㈤**關係原則**。組織學生建立一個良好的、集體的、團結
的、友愛的、互幫互學的人際關係，使每個學生善於體諒他
人和認識自我。

　㈥**鍛鍊原則**。讓學生有計畫、有興趣地進行創造技能與
能力的訓練，從熟中生巧。

　㈦**個別化原則**。了解學生的個別差異，因材施教。

　㈧**信任原則**。相信每一個學生都有創造的潛能，並且都

能表現出創造力。

　　此次的教學活動設計，主要是根據前述的八項原則而來。具體的說明，呈現在「教學活動設計」的「活動說明」中。

原文

（略）

重點分析

　　這是一篇親情滿溢、韻致溫馨的散文，充滿了色、香、味：木樨和金桂的「色」，桂花本身的「香」（此尤為重點），糕餅加上桂花滷的「味」。藉由故鄉庭院中的桂花情事，點染作者對母親的深深孺慕。倒數第二段末，說「母親一生辛勞，無怨無礙，就是因為她心中有一個金沙鋪地的西方極樂世界」。正是本文最終的意旨所在，因為：寫桂花、桂花雨，其實都是為了帶出慈母的蘭心與有識——母親善用桂花的長處如供佛、泡茶、做桂花滷，知道鄰居誰家的糕餅做得多，了解桂花應當在何時收成。

　　作者所描繪的情境是很清楚、細致的，有人物、有對話、有行動，還有「景」。非常適合帶入「威廉姆斯創造性教學模式」的「情境原則」。因此若運用之以改編成小短

劇，讓學生角色扮演，或錄製廣播劇，不但可以增添教學的趣味，也可強化學生對課文細節的記憶。同時文中引出了作者父親所寫的一首古詩，將古詩以語體文的方式加以改寫（不是翻譯），是一種可以觀察學生的理解深度與思想靈活度的作法，值得嘗試。

一、問題討論活動

活動說明

㈠請學生事先翻看農民曆和坊間的花語手册。

㈡將學生分組，三或四人一組，討論下列問題，將答案寫下來。教師抽組上台報告答案。

問題一：作者家至少有幾種花樹？

問題二：農曆八月又稱桂月，為什麼？其餘各月又稱做什麼呢？

問題三：有哪些花是我們較為熟悉而又具有獨特花語的？

㈢鼓勵各組學生針對課文設計問題，在報告完畢時提出來問其他各組，然後宣布答案。

㈠教師宜做充分準備，知悉各項答案，適時給予補充。

㈡這是依據「威廉姆斯創造性教學模式」問題原則。

二、朗讀欣賞

活動說明

㈠教師預先將課文以朗讀方式錄音下來，配上適當的襯底音樂，課堂上重複播放給學生聽。（或者，利用萬卷樓圖書公司出版的「雅歌清韻——吟詩讀文一起來」CD，極為方便。）

㈡請學生錄製自己的朗讀錄音帶，做為一次成績評量。

㈢此活動可以讓學生一方面學習正確的白話文朗讀方式，一方面運用聽覺熟習課文。

注意事項

㈠關於和教學活動相關的有聲出版品，教師不妨善加運用，以方便教學過程的活潑化。近年來出版的有聲資料，例如：

• 中華兒女唱唐詩　新景電影公司　唐詩新唱

* 處處聞啼鳥　信誼基金會　唐詩新唱與遊戲
* 大家來吟詩　萬卷樓圖書公司　閩南語的唱調
* 風雅之歌　正中書局　古詩詞曲和現代詩
* 千禧龍吟　幼獅出版社　古詩詞曲文、現代散文和詩
* 雅歌清韻　萬卷樓圖書公司　古詩詞曲文、現代散文和詩
* 名詩吟唱——唐詩天籟　萬卷樓圖書公司　閩南語的唱調

　　㈡這是依據「威廉姆斯創造性教學模式」個別化原則，以及信任原則。

三、錄製廣播劇

　　┌─────┐
　　│ 活動說明 │
　　└─────┘

　　㈠將學生分組，三或四人一組，針對課文中的某一情境，寫出以六分鐘為原則的廣播劇本，再將之錄製成錄音帶，於指定日在課堂上播放。

　　㈡由學生共同為他組評分，並提出感想。

　　┌─────┐
　　│ 注意事項 │
　　└─────┘

　　㈠教師宜先簡要講授廣播劇的撰寫方式，並指導學生錄製廣播劇的要領。

　　㈡提醒學生劇中角色起碼有作者、母親、長工、父親等

人，以及因時間限制而需有情境取捨。

㈢給學生充分時間製作錄音帶，並於播放時多予肯定及鼓勵。

㈣這是依據「威廉姆斯創造性教學模式」情境原則、創新原則、鍛鍊原則和信任原則。

四、古詩訂題目並改寫成新詩

活動說明

㈠為以下這首詩訂一個適當的題目，「細細香風淡淡煙，競收桂子慶豐年。兒童解得搖花樂，花雨繽紛入夢甜。」

㈡將這首詩改寫成新詩。

注意事項

㈠第一題的參考答案：搖花樂、桂花雨等。若要更細膩些，也可以是「見家人搖桂花，口占一絕」。

㈡提醒學生，改寫和翻譯不同。翻譯必須完全依照原文亦步亦趨，單純地將文言文翻成白話；改寫則可依據原意再加伸展，添入新素材如情景、角色、對話等等，較為靈活。

㈢這是依據「威廉姆斯創造性教學模式」㈢創新原則。

五、心理遊戲

活動說明

(一)將問題和幾個答案選項寫在黑板上,問學生:「如果你是作者的母親,當作者捧一大袋杭州的桂花回來時,你的反應會是怎樣的?」

答案選項:

A像文中作者的母親一樣,說:「杭州的桂花再香,還是比不得家鄉舊宅院子裡的金桂。」

B非常高興地說:「太好了!謝謝妳,乖女兒。」

C平靜地說:「又捧一袋回來,是不是又想吃桂花糕餅了?」

心理解析:

選擇A者具有念舊情懷,但較不在意他人的感受。

選擇B者非常能夠體貼別人,是就算吃虧也會忍氣吞聲的類型。

選擇C者頭腦冷靜,但要注意別讓朋友覺得你太厲害了而不敢親近。

(二)再揭示第二個問題,問學生:「如果你是作者,當你

捧一大袋桂花回來給母親，可是母親卻說：『杭州的桂花再香，還是比不得家鄉舊宅院子裡的金桂。』時，你的反應會是怎樣的？」

答案選項：

A以後還是會捧一袋桂花回來。

B心想：既然這樣，那以後就不再捧杭州的桂花回來好了。

C和母親辯論，讓母親了解杭州的桂花也一樣很香。

心理解析：

　　選擇A者屬開朗、樂觀的類型，很容易結交許多朋友。

　　選擇B者是容易嘀嘀咕咕的類型，要注意個性不要太「龜毛」喲！

　　選擇C者是實事求是的類型，邏輯概念強，當心「好辯」之名加身。

注意事項

　　㈠雖是遊戲，教師卻可藉以觀察學生的個性，視適當時機加以引導。但活動進行時，教師不宜過於嚴肅。

　　㈡這是依據「威廉姆斯創造性教學模式」關係原則和個別化原則。

〈數字人生〉
的教學活動設計

「啓發式教學法」是指：教師依據教學過程的客觀條件，引導學生主動、積極、自覺地掌握知識的一種教學方法。「啓發」一詞，於我國源於《論語》：「不憤不啓，不悱不發。」；於歐美，稍後於孔子的古希臘哲人蘇格拉底用「問答法」來啓發學生的獨立思考以探求眞理。現代教學論中的「啓發式教學」是在現代心理學和教育學發展的基礎上，進一步日臻完善的。

「啓發式教學法」的特點如下：

㈠強調學生爲學習主體。

㈡強調學生智力的充分發展。

㈢注重激發學生的內在學習動力和責任感。

㈣學生的認知過程中，強調教師的主導作用與學生的能動性相結合。

其最常見的形式：在教學過程中，師生之間有問、有答。問必須有啓發性，能喚起學生的學習興趣，激發學生的

求知慾望，拓寬學生的思路。教師要促使學生圍繞教材重點積極展開思維活動，引導他們運用所學的知識去分析問題，解決問題，探求新知。

本次的教學活動設計，以吳魯芹的〈數字人生〉為例，融入「啓發式教學法」，為教師們作一具體示範。

原文

（略）

重點分析

本篇文章的重點，可從以下幾方面來說：

第一，文中使用了許多成語，雖是極熟悉的詞彙，卻塑造了令人會心一笑的諧趣，相當「俏皮」。

第二，文章的語感文白融合，長短句式的節奏搭配得宜，讀起來特別有一種靈動感。

第三，開頭的「頂針式」語句，和結尾的套用東坡詞作名篇，既呼應題目，又確立了旨意。

第四，文章的精神內涵，值得深思，所謂的科技文明與人類生活的關係，是否真的只有好的影響而無任何弊病？所謂生活上的「方便」，是否正衝擊、消蝕我們原本具有的能力？

　　第五，作者於文章中再三強調「一堆數字」，固然是爲了呼應「數字人生」的題目，卻也有念咒語似的意謂我們逃不出數字的牢籠。雖是嘲謔，也是提醒。

　　此外，本文的「數字」，也可視爲一種表徵人物身分的符號。在這個符號充斥的時代裡，我們應培養解析符號背後義涵的能力，才不至於陷入混亂而不自知。好比網路上特殊的語言使用，是一種符號；流行的顏色，是一種符號；使用手機，也是一種符號；看什麼樣的書，更是一種符號！

　　因此，本課的教學活動設計便依據上述重點而發，尤其是第四點的把握與闡釋，如何讓學生有深刻的體悟，是重點中的重點。

教學活動設計

一、問題討論聯結寫作活動

活動說明

　　㈠「問題一」教師可指名平時較勇於發言的學生，發表看法。

　　㈡「問題二」以開放討論的方式進行，鼓勵學生多做發揮。答案內容能夠避開課文中所提及者最好。提示：例如分

數、名次、民調數據等等。

　㈢「問題三」可以回家作業的形式為之，請學生仔細思考。配合作文課，以「○○人生」為題，寫一篇文章。

　㈣「問題四」若時間足夠，可以讓學生採用辯論的方式進行細密的思辨。

問題一：本文使用了哪些成語？讀起來感覺如何？一般作文時，使用成語有何優、缺點？

問題二：在我們的生活經驗中，哪些事和「數字」有關？產生了什麼樣的問題？請舉例說明。

問題三：有什麼例子可以說明生活上的「方便」卻消蝕我們原有的能力？

問題四：依吳魯芹所述，「數字」也可視為一種表徵人物身分的符號，那麼「看什麼樣的書，也是一種符號。」你同意這樣的說法嗎？為什麼？

　　　注意事項

　㈠教師請先說明「成語」的意義，並加以舉例。

　㈡聯結寫作宜先告知學生。進行此項活動之目的在於讓學生深入思索與課文密切相關的文章旨趣，省思科技與生活應有的關係。

　㈢提醒學生：穿著、微笑、肢體語言，都可能成為代表

人們的重要符號。宜多注意自己的舉止、裝扮等。

二、套用、改寫東坡名篇活動

活動說明

㈠請學生先將蘇東坡的原作「長恨此身非我有，何時忘卻營營。夜闌風靜縠紋平。小舟從此逝，江海寄餘生。」寫下來。再將吳魯芹所改的文句「長恨此身非我有，一堆數字為憑。夜闌風靜氣難平。湖海污染盡，何處寄餘生。」寫下來。

㈡根據所抄寫的情形，套用、更改東坡原詞，寫一段新的。

注意事項

㈠「套用、改寫」和「仿寫」的意思並不相同：「套用、改寫」是將原有的句組一部分保留原樣，直接使用，一部分更改詞語，且無需在意原文的意思及情韻。（「引用」則是字句完全不加更改地使用。）「仿寫」是仿照原文的形式結構，對於上下文的對應關係、組織架構都須注意。而「改寫」則可依據原意再加伸展，添入新素材如情景、角色、對話等等，較為靈活。

㈡提醒學生，填詞時要注意平仄和押韻。（平仄的要求較寬）

㈢參考答案：長恨此身非我有，一堆分數爲憑。夜闌風靜心不平。何時考試盡，快樂度餘生。（以學生的心態想像之）

三、仿寫佳句

活動說明

㈠預先將以下句子寫在投影片上，於課堂上秀給學生看；或以印講義方式發給學生。再請學生針對加引號處加以仿寫，然後指定學生上台將仿寫句板書於黑板，大家共同討論之。

㈡此活動可以讓學生實際操作佳句之學習，並融入新意。

- 人生已經淪落到僅剩「幾個數字」。「幾個數字」就可以道盡人生。
- 我忽然體悟到「幾個數字」居然能有那麼多的「變化」，那麼多的「代表作用」，那麼大的「支配力量」。
- 「欠債」能「還」始有「信」。

注意事項

　　㈠教師宜說明加上引號的詞語之特色，及詞語與上下文之對應關係。

　　㈡提醒學生「淪落」一詞具負面意，因此仿造的詞必須相應。

　　㈢參考答案：

- 人生已經淪落到僅剩「幾枝針管」。「幾枝針管」就可以道盡人生。（這是就久病的病人而言）

- 我忽然體悟到「幾件像樣的衣服」居然能有那麼多的「奧妙」，那麼多的「影響力」，那麼大的「決定力量」。（穿體面衣服到一些商店購物時，店員的臉色顯然好得多。）

- 「跌倒了」能「爬起來」始有「希望」。

四、成語練習

活動說明

　　課文中所使用的成語多半具反諷意味。將以下的詞句寫在黑板上，指名請學生上台填上答案，再共同討論其反諷意味為何。

㈠他對新台幣的「孫中山」（肅　　　），人盡皆知。

㈡挨打者也許（無　　　），我們卻不能對打人者（等　　　）。

㈢他早已（年　　　），卻做這麼糊塗的事。

㈣你這樣胡攪蠻纏，若不及早（改　　　），恐怕將來（禍　　　）。

㈤國會打人事件爆發，大家才知道他老早把國會殿堂蹧蹋得（體　　　）。

注意事項

㈠教師請先向學生說明「反諷」的意義。

㈡教師可在本活動結束後，指定一些成語，請學生如法造句。

〈風箏〉
的教學活動設計

　　曾經聽台北市一所明星學校的國文教師說一則笑話：一位高一學生鄭重其事走進教師休息室，問老師「蘇東坡是誰」？很難令人相信真有其事的笑話，卻真的確有其事。在有心人士的刻意做為下，也許有一天，我們的孩子會出現更多更離譜的笑話。文學不應該被政治利用或與政治混談，如果我們具有宏觀的視野，知道過去以政治力強行推動某一類的文學是錯誤的，則今日何獨不然？能夠讓學生讀一讀大陸作家的作品，筆者以為有益於學生胸襟的擴大與涵養的深化。像魯迅、冰心、沈從文、郁達夫、朱自清、徐志摩、豐子愷、夏丏尊等等許多作家的文章，都值得玩味再三。

　　以下，即以魯迅的〈風箏〉為例，進行教學活動之設計。

　　北京的冬季，地上還有積雪，灰黑色的禿樹枝丫叉於晴朗的天空中，而遠處有一二風箏浮動，在我是

一個驚異和悲哀。

　　故鄉的風箏時節，是春二月，倘聽到沙沙的風輪聲，仰頭便能看見一個淡墨色的蟹風箏或嫩藍色的蜈蚣風箏。還有寂寞的瓦片風箏，沒有風幹，又放得很低，伶仃地顯出憔悴可憐模樣。但此時地上的楊柳已經發芽，早的山桃也都吐蕾，和孩子們的天上的點綴相照應，打成一片春日的溫和。我現在在那裡呢？四面都還是嚴冬的肅殺，而久經訣別的故鄉的久經逝去的春天，卻就在這天空中蕩漾了。但我是向來不愛放風箏的，不但不愛，並且嫌惡他，因爲我以爲這是沒出息孩子所做的玩藝。和我相反的是我的小兄弟，他那時大概十歲內外罷，多病，瘦得不堪，然而最喜歡風箏，自己買不起，我又不許放，他只得張著小嘴，呆看著空中出神，有時至於小半日。遠處的蟹風箏突然落下來了，他驚呼；兩個瓦片風箏的纏繞解開了，他高興得跳躍。他的這些，在我看來都是笑柄，可鄙的。

　　有一天，我忽然想起，似乎多日不很看見他了，但記得曾見他在後園拾枯竹。我恍然大悟似的，便跑向少有人去的一間堆積雜物的小屋去，推開門，果然就在塵封的什物堆中發現了他。他向著大方凳，坐在

小凳上；便很驚惶地站了起來，失了色瑟縮著。大方凳旁靠著一個蝴蝶風箏的竹骨，還沒有糊上紙，凳上是一對做眼睛用的小風輪，正用紅紙條裝飾著，將要完工了。我在破獲秘密的滿足中，又很憤怒他的瞞了我的眼睛，這樣苦心孤詣地來偷做沒出息孩子的玩藝。我即刻伸手折斷了蝴蝶的一支翅骨，又將風輪擲在地下，踏扁了。論長幼，論力氣，他是都敵不過我的，我當然得到完全的勝利，於是傲然走出，留他絕望地站在小屋裡。後來他怎樣，我不知道，也沒有留心。

然而我的懲罰終於輪到了，在我們離別得很久之後，我已經是中年。我不幸偶而看了一本外國的講論兒童的書，才知道遊戲是兒童最正常的行為，玩具是兒童的天使。於是這二十年來毫不憶及的幼小時候對於精神的虐殺的這一幕，忽地在眼前展開，而我的心也彷彿同時變了鉛塊，很重很重地墮下去了。

但心又不竟墮下去而至於斷絕，他只是很重很重地墮著，墮著。

我也知道補過的方法的：送他風箏，贊成他放，勸他放，我和他一同放。我們嚷著，跑著，笑著——然而他其時已經和我一樣，早已有了鬍子了。

　　我也知道還有一個補過的方法的：去討他的寬恕，等他說：「我可不怪你啊。」那麼，我的心一定就輕鬆了，這確是一個可行的方法。有一回，我們會面的時候，是臉上都已添刻了許多「生」的辛苦的條紋，而我的心很沉重。我們漸漸談起兒時的舊事來，我便敘述到這一節，自說少年時代的糊塗。「我可是毫不怪你啊。」我想，他要說了，我即刻便受了寬恕，我的心從此也寬鬆了罷。

　　「有過這樣的事嗎？」他驚異地笑著說，就像旁聽著別人的故事一樣。他什麼也不記得了。

　　全然忘卻，毫無怨恨，又有什麼寬恕之可言呢？無怨的恕，說謊罷了。

　　我還能希求什麼呢？我的心只得沉重著。

　　現在，故鄉的春天又在這異地的空中了，既給我久經逝去的兒時的回憶，而一併也帶著無可把握的悲哀。我倒不如躲到蕭殺的嚴冬去罷——但是，四面又明明是嚴冬，正給我非常的寒威和冷氣。

重點分析

　　本文最早是發表於 1925 年 2 月 2 日《語絲》週刊第 12 期，後來收入《野草》一書。

魯迅的作品向來帶有尖銳的人性剖析或深刻地自省，就像本文，作者對於自己對弟弟幾近殘忍的行為（毀壞風箏），有很深刻地描寫與清楚的悔意，而且，此一悔意因弟弟對事件的遺忘，無所謂寬恕或不寬恕，而似乎永無停歇之時。魯迅的作品風格與文章中所透露出的人性思辨，是授課的一個重點。文中，哥哥與弟弟的心理推敲，也是教師可以發揮講課魅力的另一著眼點。

此外，與作文結合，經由活動之後再命題寫作「風箏」，應該能讓學生有切身的感受。

教學活動設計

一、分組討論

> **活動說明**

㈠將學生分成五或六人一組。

㈡請各組討論以下幾個問題後，推派代表上台報告。

㈢作者在文中所顯現的人性（例如哥哥的心理），請學生特別注意。

| 問題一 |：作者毀壞弟弟的風箏，這是一種什麼樣的心理？你有過類似的經驗嗎？說出來與大家一同思考。

問題二：你認爲作者的弟弟眞的忘記童年時的這一段往事
嗎？無論「是」或「否」，請說明你的想法。

問題三：作者沉重的心，有無因爲弟弟的回答而得到解
脫？爲什麼？

問題四：「風箏」對作者來說是一種「驚異和悲哀」，原
因何在？

問題五：「風箏」對你來說，具有什麼樣的象徵意義呢？

注意事項

㈠提醒學生將討論的過程記下來，做爲一次平時考察。

㈡學生在進行討論時，教師隨時觀察學生的傾聽與發言
狀況，並加以記錄，適時地給予鼓勵。

㈢關於「問題五」，請學生用心思索，以方便配合寫作
活動。

二、心理分析遊戲

活動說明

㈠將問題和幾個答案選項寫在黑板上，問學生：「如果
你是弟弟，當哥哥像文中所述將風箏無情地毀壞時，你的反
應會是怎樣的？」

　　㈡當所有學生做好選擇之後，爲他們提供「心理解析」。

答案選項

A像文中作者的弟弟一樣，絕望地站在小屋裡。

B馬上哭哭啼啼地跑到爸媽那裡去告狀。

C衝上去奮力地阻擋，不讓哥哥爲所欲爲。

D對哥哥大聲地說：「這樣做並沒有什麼好處。」

心理解析

　　選擇A者，個性較爲懦弱，逆來順受不見得不好，但要注意不要總是讓人牽著鼻子走。

　　選擇B者，個性較爲婆婆媽媽，喜歡嘮嘮叨叨，做事要注意莫太依賴別人。

　　選擇C者，個性較爲强悍，具正義感，做事要注意不要過於衝動。

　　選擇D者，個性較爲冷靜，做事要注意行動力，不要想太多。

　　㈢再揭示第二個問題，問學生：「如果你是哥哥，當弟弟像文中所述那樣，說完全不記得風箏被毀壞的事時，你的反應會是怎樣的？」

答案選項：

A像文中的作者一樣，心情依舊沉重。

B立即高興地大叫說：「真的嗎？太好了！」

C給弟弟一個熱情的擁抱。

D再三追問弟弟是否真的忘記。

心理解析

　　選擇A者，屬比較悲觀的類型，思考事情喜歡往負面的方向想，個性要開朗、活潑一些才好。

　　選擇B者，屬比較開朗的類型，喜歡結交不同個性的朋友；但做事要多培養一些責任心。

　　選擇C者，屬喜歡擁抱溫情的類型，容易被溫馨的事情所感動；但做事要注意周詳地計畫並切實執行。

　　選擇D者，有懷疑論者的傾向，好像不容易相信別人；要多學習放開心胸。

注意事項

　　雖是遊戲，教師卻可藉以觀察學生的個性，視適當時機加以引導。但活動進行時，教師不宜過於嚴肅。

三、放風箏，寫作文

活動說明

　　㈠請美勞教師教導學生製作風箏。

㈡做好後，於國文課全員集合由老師帶到指定位置，進行放風箏活動。

㈢放風箏活動結束，回到教室，教師宣布作文題目「放風箏」。

㈣提醒學生除了風箏的製作、放風箏的過程，不要忘記風箏的象徵意義。

㈤作文完成後，以分組批改的方式，由學生交換批閱，推薦佳作與他組分享，並在課堂上公開發表。

┌──────────┐
│ **注意事項** │
└──────────┘

㈠作文題目必須在學生一放完風箏回到教室即宣布，不要等到下一節課，以免學生的記憶鬆懈。因此必須控制好放風箏的活動時間，在下課前能夠有餘裕回到教室並宣布題目。

㈡先宣布題目，請學生回家構思，在下一次作文課時書寫完成。

〈臉譜〉
的教學活動設計

　　由於上課時數的縮減，國、高中國文教師被迫趕授課進度、精減教材，常常遇到白話文時，不得不一筆帶過。筆者完全能夠理解國、高中教師的苦處與不得已，但仍要呼籲教師：一個學期當中，總要找一兩篇白話文讓學生切實學習其中的寫作技巧或文學趣味，不要因噎廢食，犧牲學生學習的權利，尤其在他們有夢想、有詩情的年紀。年輕時擁有文藝憧憬，得以藉由文字閱讀沉澱許多雜思，藉由文字創作宣洩許多情緒，人生道路走起來較不易偏向歧途。畢竟，文學的世界是可以慰藉心靈的世界。否則，孩子一旦被逼進不良的花花世界，尋求視聽感官的刺激，發達了慾望而淪喪了靈明，薰染了暴戾之氣而擴張了狡獪之心，社會鐵定明天不會更好！

　　筆者始終相信文學寫作的治療與預防作用，這在歐美早有理論的支持與肯定。如果教師們能夠念及於此，當知白話文的教學活動之重要。以下，即以梁實秋的〈臉譜〉為例，進

行教學活動之設計。

原文

（略，請參閱《雅舍小品初集》）

重點分析

　　臉譜，臉譜，可見「臉」是有「譜」的。懂得察言觀色，是社會生活中極重要的一個現實條件，不見得是壞事，教師何妨因勢利導，選幾張臉孔圖片讓學生發揮想像力，編一編心情故事。

　　《兒女英雄傳》裡，男主角安冀的奶公教他：「逢人只說三分話，不可全拋一片心。」而在我們的傳統裡，也常被提醒：不要輕易相信別人。由於人與人之間的互不信任，使人們不得不擁有許多張不同的臉孔，對朋友的是一張，對長輩的是另一張，對家人的又是一張，對陌生人的更是另一張……到最後，究竟哪一張臉才是真正的自己，很可能連自己都弄不清楚。然而，「臉」畢竟是會說話的，或奸或邪、或友善或不友善，一般人大都區分得出來。友善的臉總有一個特色，那就是掛著微笑，臉上經常掛著微笑的人，其人際關係往往較好，因此教師授課時莫忘提醒學生：每天記得告訴自己要多多微笑。

　　此外，眼神也很重要。眼睛是靈魂之窗，「觀其眸子，人焉廋哉！」雖面帶微笑，若眼神不正，一樣令人感覺討厭。而要眼神「正」，除了每天的訓練，更重要的是想法要正面、「心」要正。這一點，很需要教師努力向學生開示。

教學活動設計

一、欣賞「變臉」的絕活

活動說明

　　㈠安排學生欣賞京劇《盤絲洞》第二場中的「變臉」情節。

　　㈡向學生說明此劇之故事梗概，介紹「變臉」原為川劇絕活。

　　㈢由「變臉」情節引動學生的學習興趣。

注意事項

　　教師可透過學校圖書館購置京劇《盤絲洞》錄影帶，若緩不濟急，可向同仁或朋友打聽、商借，總之要預做準備。

二、看圖說故事接龍

活動說明

㈠將以下幾張圖片，以影印或秀投影片方式，給學生看。

㈡給學生數分鐘的時間思考圖片內容。

㈢指定不同學生就圖片次序、內容發揮想像力，接龍編故事。

㈣就已有之故事基礎，再指定不同學生添枝加葉。

㈤將故事略加整理，把要點板書於黑板上。

㈥請學生依據要點，加以剪裁，然後寫一篇文章，並自訂題目。

注意事項

㈠使用現成圖片，須向學生交代圖片的來源、出處。

㈡題目訂定的技巧（如選擇文中佳句做為題目等），宜先向學生說明。

＊圖片

（轉載自僑委會出版《僑教雜誌》第十七期——畫者蔡東照）——

三、眼神運動，微笑運動

活動說明

㈠讓學生兩人一組，彼此面對面，相視微笑，讚美對方。

㈡觀察學生之運作情形，將觀察所得，以不指名方式舉例說明。

㈢鼓勵學生自由發言，發表活動感想。

㈣請學生寫下讚美同學的短語二至三句，教師挑出其中具代表性者，與大家分享。

> 注意事項

　　㈠教師觀察學生之運作情形，宜特別留意「眼神」部分。

　　㈡針對學生所寫之讚美短語，教師宜機會教育，分析身分之拿捏、措詞之妥善等。

四、畫一畫或寫一寫自己的微笑

> 活動說明

　　㈠請學生每天早、晚洗臉時仔細觀察自己的微笑。

　　㈡數天後，在課堂上請學生將自己微笑的臉「畫」出來或「寫」出來。（寫的字數規定為一百二十字至一百五十字）

> 注意事項

　　教師於交代任務之時，若能先亮出自己的微笑圖畫，表示以身作則，必能激勵學生。（假使自己無法「畫」，可商請美術教師或其他同仁幫忙。）至於「寫」，為避免學生仿擬，留待學生交作業時再出示。

五、「改寫」活動

活動說明

　　㈠教師說明「改寫」的意義包括文體的改變、內容的添枝加葉，或局部內容的捨棄、變換、秩序更動等。

　　㈡將以下課文內容改寫成新詩。

　　令人愉快的臉，其本身是愉快的，這與老幼妍媸無關。醜一點、黑一點，下巴長一點，鼻梁塌一點，都沒有關係，只要上面漾著充沛的活力，便能幅射出神奇的光彩，不但有光，還有熱，這樣的臉能使滿室生春，帶給人們興奮、光明、調諧、希望、歡欣。

注意事項

　　㈠教師如能先行「改寫」示範，學生就能產生具體印象。

　　㈡改寫後的示例提供──

　　愉快的臉，臉愉快

　　無關老幼妍媸醜黑鼻塌

　　只要活力充沛

　　　　幅射光彩

足使滿室生春，讓人

揮舞雙臂

招來陽光，神奇、燦爛

〈散戲〉
的教學活動設計

　　鄉土小說在台灣文學、本土意識蔚爲主流的今日，越來越受到應有的認識與重視。但筆者以爲：「鄉土小說」不等於「台灣本土小說」，鄉土小說的義界更廣，《兒女英雄傳》運用北京語言撰寫的小說是鄉土小說，沈從文描述湘西故事的小說也是鄉土小說。至於限定台灣作者、以具本土色彩的語言所撰著的小說，則是台灣本土小說。

　　本次所選的台灣本土小說洪醒夫〈散戲〉一文，呈現了作者對野臺歌仔戲演員、藝術的關懷，同時暗示了作者對舊文化、傳統價值日益崩毀的憂心。因此，小說所寄託的意旨，以及小說此一文類的寫作要素、鄉土小說的語言特色，都是教師備課時宜多所注意者。

　　由於課文極長，教師單單讀一遍所花費的時間就很多，建議教師先叮囑學生做好預習，課堂上直接講授注釋部分，再讓學生運用「教學活動設計」做爲綜合教學活動的重點。相信對學生的學習效果較好。

　　以下，以洪醒夫的〈散戲〉爲例，介紹筆者的教學活動設計。

原文

（略）

重點分析

　　〈散戲〉是一篇小說，而小說的構成要素是：情節安排、人物塑造、結構布局、對話設計。爲了強化學生對小說構成要素的印象，可以針對四者設計教學活動。（現在雖然偶爾也流行「反小說」，就是排除小說要素的小說，但小說的常態並沒有消失或不受重視，仍是主流。）例如將小說的重要情節排列出來，擴展小說對話的活動，突出人物個性的小劇場表演等，都是可行的方式。至於鄉土語言，本就是台灣鄉土小說的重要特色之一，可以請學生多加注意。再者，國家圖書館的網站裡有超過兩千位的現代作家的資料可供查詢，資料十分豐富，教師可以引導學生善加利用。

　　此外，「戲」的實質接觸亦極重要，在教育養成的階段，越早讓學生體會戲劇的表演方式與表現趣味越好，尤其是傳統戲曲，無論歌仔戲、傀儡戲、皮影戲或京劇、崑曲、豫劇，都有其藝術特色與價值，早一點讓學生了解傳統戲

曲，便早一點啓發他們對戲曲的熱愛，也就早一點啓動他們
對文化的關懷，那麼所謂「黃昏藝術」的「夕陽」，或許可
以因爲我們的努力而多展現一些餘暉、晚一點掉落吧！

教學活動設計

一、尋找文中的鄉土語言詞彙

活動說明

　㈠以快速搶答的方式，請學生找出文中的鄉土語言詞
彙。

　㈡指定學生將鄉土語言詞彙以閩南語念出來，並說明其
意。

　㈢由學生自由發表「母語語言的趣味」，並鼓勵學生多
方學習及運用，使母語不致流失。

注意事項

　教師宜藉此活動說明尊重各族羣之語言、文化與發展的
意義。

二、排列重要情節的順序

> ### 活動說明

(一)學生分組討論本文有哪些重要情節。

(二)依據時間順序將情節排列出來，再核對課文的情節順序是否相符？若是，則作者採用了何種方法？若否，作者的方法具有何種效果？

(三)教師以預先做好之投影片介紹小說一般較常採用之情節安排方式有：順時間次序式、倒時間次序式、雙軌交錯發展式、插敍式等等。

> ### 注意事項

分組活動前，教師宜先說明「情節」的義界，一般是指：在同一空間地點，相同時間內，人物所發生的事件。

三、觀賞歌仔戲演出，寫心得活動

> ### 活動說明

(一)教師安排一齣歌仔戲演出錄影帶或VCD，請學生觀賞。觀賞前，須先說明故事背景和劇情大意，以及主角人物

的表演特色、欣賞的重點何在等。

㈡看完後,教師指定幾位學生發表簡要之感想,並將意見略作條理,予以補充。

㈢請學生回家(或在作文課中)將整個活動過程寫下來,並加上個人之心得。

┌─────────┐
│ 注意事項 │
└─────────┘

㈠學生當中若有聽不懂閩南語者,教師在選擇歌仔戲作品時,宜注意唱詞、念白是否都有字幕,字幕是否清楚。

㈡提醒學生:個人之心得須有別於他人所發表之感想。

四、課堂小劇場

┌─────────┐
│ 活動說明 │
└─────────┘

㈠教師說明劇本的編寫十分講究對話之設計、人物之塑造。以及從對話和動作中,可以見出人物的個性。

㈡分組進行「散戲」的短劇改編活動。

㈢將所編之劇本在課餘時間加以排練,於所指定之課堂時間演出短劇。

> **注意事項**

㈠提醒學生可就課文中挑選其中一個情節予以突出、放大，增添效果，並不一定要全文改編。但角色人物之個性須有區別。

㈡教師宜規定短劇演出的時間限制。服裝、道具以從簡為原則。

㈢音效部分須事先測試無誤，以免表演時出錯。

㈣各組演出時，宜安排V8攝錄，演出後放給學生看，以知曉自己的優缺點。

五、「小記者採訪報導」活動

> **活動說明**

㈠分組聯絡、採訪一位歌仔戲或其他傳統戲曲演員。介紹其經歷、擅長之角色、最喜歡之劇目、記憶最深刻的事情、演出活動等等。（或是採訪戲曲研究者亦可）

㈡將採訪紀錄整理出來，在課堂上提出報告，與同學分享。

㈢將各組之報告合集成「班級小記者採訪實錄」書。

注意事項

　㈠採訪之前有許多前置作業，例如閱讀相關資料（如受訪者之劇團、知名的演出劇目等等）、準備採訪的問題及器材（如錄音機、照相機等），以及聯絡時應注意禮貌、約定時間以受訪者方便爲主等。

　㈡採訪當天必須守時，不可遲到。採訪結束，勿忘攝影留念（但須徵求受訪者同意），並留下受訪者之地址，以方便寄送採訪紀錄及照片。

六、上網搜尋作者資料活動

活動說明

　㈠「國家圖書館」的網站裡，有「國家圖書館全球資訊網／文學藝術資訊網／當代文學史料影像全文系統」，內容非常豐富，收錄五十餘年來臺灣地區當代文學作家約兩千位作家的資訊，包括著作、評論、得獎紀錄等等，是一座關於現當代文學的寶山，很可以讓學生上網尋寶。

　㈡另有其他「文學網站」，資訊亦可從「當代文學史料影像全文系統」取得。

注意事項

　㈠雖然電腦使用已具普遍性，但仍有一些家庭沒有電腦，教師宜注意幫助這些學生解決難題，完成工作。

　㈡可以請學生記下查閱的過程當中所發生的困難或問題，並試述採取的解決辦法。教師批閱後，提出來和大家共同討論，分享經驗。

國語文教學活動設計

現代詩篇

〈麥當勞午餐時間〉
的教學活動設計

　　現代詩的教學活動，應該與白話散文有所不同。一般而言，各個不同版本之國、高中課本，所選教材容或不同，卻不會選擇不適合學生學習者，也就是說，所選教材必然能夠適應學生之年齡與能力。因此，斷不會選擇深難、怪特、不好解說的作品。是故，教師於教學時，可以不必花費太多力氣在詞意解釋上，而將重點放在詩篇構成、內容深究與詩歌的意象鑑賞。但在進入內容深究之前，若能運用課堂教學活動幫助學生將詩作有效地記住，則深究與鑑賞就更加容易進行了。

　　至於，如何運用課堂教學活動幫助學生有效地記住詩作呢？這便是本文撰寫之目的。茲以以高中課本翰林版〈麥當勞午餐時間〉為例，做具體說明。

一

一羣年輕人

帶著風

衝進來

被最亮的位置

拉過去

同整座城

坐在一起

窗內一盤餐飲

窗外一盤街景

手裡的刀叉

較來往的車

還快速地穿過

迷妳而帥勁的

中午

二

三兩個中年人

坐在疲累裡

手裡的刀叉

慢慢張開成筷子的雙腳

走回三十年前鎮上的小館

六隻眼睛望來

六隻大頭蒼蠅

　　　　在出神

整張桌面忽然暗成

　　　　　一幅記憶

那瓶紅露酒

　　又不知酒言酒語

　　　把中午説到

　　　那裡去了

當一陣陣年輕人

　　來去的强風

　　　從自動門裡

　　　　吹進吹出

你可聽見寒林裡

　　飄零的葉音

　　三
一個老年人

坐在角落裡

穿著不太合身的

　　成衣西裝

吃完不太合胃的

　　漢堡

怎麼想也想不到

漢朝的城堡那裡去了

玻璃大廈該不是

那片發光的水田

枯坐成一棵

室內裝潢的老松

不說話還好

一自言自語

必又是同震耳的炮聲

　　　　在說話了

說著說著

眼前的晌午

已是眼裡的昏暮

重點分析

詩歌，詩歌，詩既可歌，則其較散文豐富的音樂性是我們必須正視者。現代詩雖未必可歌，然其特別講究的音律節奏，還是應該在教學時，清楚地讓學生感知、把握。為此，在課堂上進行詩歌朗誦活動，一方面變化教學方式，一方面幫助學生有效的記憶詩歌作品，並確實領略現代詩不同於散文與古典詩之處，有其必要性！為什麼朗誦活動能夠幫助學生有效率的記住詩歌作品呢？原因在於：聽覺與視覺雙管齊下、共同發揮作用的雙乘效果。朗誦活動進行之際，學生一面以眼睛看作品，一面以耳朵聽發自口中的詩句聲音，且這發自口中的詩句聲音並非念經一般，而是有韻律的、有節奏的、有感情的聲音，這樣的聲音有助於提高記憶體的接受度，及強化記憶功能之發揮。同時一次次的反覆朗誦，正是類似背書的性質，而學生無須在課堂外花費時間背書，課堂內的活動即已幫助他背下課文。至於為什麼要背？不背如何能「入人之深」？如何讓詩句的意蘊或形式對學生產生真正的影響？

其次，不妨鼓勵學生從事現代詩創作，培養文藝青少年宜從寫詩開始，對聯想鍛鍊和青春語言之記錄，最具方便性。但教師須予以引導，從仿寫的步驟出發。模仿本來就是

學習的初端，因此安排「仿寫遊戲」可以爲學生開啓現代詩創作的門窗。

　　總之，遇到新詩課文，教師不妨記住兩件事：朗誦與創作。

一、詩歌朗誦活動

┌─────────┐
│ 活動說明 │
└─────────┘

　　㈠推敲最適當的獨誦方式。

　　1.嚴密地推敲每一個詩句各種可能的讀法。一個句子並非只有一種讀法，哪個詞語音要高、要低、要長、要短、要停頓、要用氣音或屬音等等，都應仔細推敲其情韻之不同。

　　2.擇定最能展現詩句意義和美感的朗誦方式。

　　㈡處理詩稿，設計表現技巧。

　　1.挑出關鍵詞、句，做爲表現重點，思考何種技巧可彰顯其重要性。

　　2.設計表現方式，如獨誦、合誦、輪誦、疊誦、滾誦等技巧的綜合變化或錯綜運用。

　　3.如有必要，可以適度地加入吟詠、歌唱或饒舌節奏，

或是對白、廣播詞語等。但不宜造成詩段落的切割，而是幫助渲染詩的情韻及氣氛。

4. 留意全篇聲情流動的整體節奏感，高潮、過渡、對聽眾的情緒引導等，都要考量。因此，襯樂的添加可以此為準。

㈢安排朗誦人員，進行演練，適度修改。

1. 學生的音色不同，各有其特性。什麼樣的音色適合什麼情味的詩句，某個詩句需要多少勁道、音量等，都需要安排適合聲情的朗誦人員。

2. 演練之必要，修改聲情技巧之必要。但忌諱因表現不甚理想而抽換學生，因朗誦活動應是快樂的事，不宜打擊學生的信心。可以加入其他學生以帶動其表現能力，使合乎要求。

㈣請參考萬卷樓出版之《雅歌清韻──吟詩讀文一起來》CD。

筆者之朗誦設計說明：

㈠「窗內一盤餐飲／窗外一盤街景」以「合誦」結合「輪誦」的方式，展延成「窗內一盤餐飲／窗外一盤街景／窗外一盤街景／窗內一盤餐飲／一盤餐飲／一盤街景／一盤街景／一盤餐飲」的頂針形式，塑造出人來人往、快速用餐，用餐也成為街景，而街景也成為餐飲的一部分的意趣。

　　㈡「走回三十年前鎮上的小館」使用「疊誦」，這是因為「記憶」的特質使然。當我們回想時，思緒並不規律，而是紛紛沓沓，甚至有些思緒會重疊。使用「疊誦」，恰好可以傳遞這樣的韻味。

　　㈢「六隻眼睛望來／六隻大頭蒼蠅」重複一次，全員分成兩組「輪誦」，以凸出「六」字的意味，以及「眼睛望來大頭蒼蠅」的突兀、卡通效果。

　　㈣「吹進吹出」展延成「吹進吹出／吹出吹進」，分兩組以「合誦」的方式「輪誦」，是為了呈現自動門的風因一再開、關而不斷進、出。

　　㈤「漢朝的城堡那裡去了／玻璃大廈該不是／那片發光的水田」以「想不到」三字「襯誦」處理。這是為了深化「怎麼想也想不到」的意蘊。

　　㈥「說著說著」以「輪誦」方式重複四次，藉以凸顯老人自言自語、自語自言，絮絮叨叨的寂寞形象。

　　㈦這首〈麥當勞午餐時間〉，筆者在處理時並沒有採用極為繁複的朗誦技巧，這是為了方便聽眾的聆賞與了解，實際的課堂運作，詩稿處理可以比這複雜得多。到了詩社的表演活動或到舞台上進行朗誦比賽時，則又比課堂運作繁複。

二、仿寫遊戲

活動說明

㈠為學生解析「仿寫」的意義，強調既是遊戲，可以大膽一些。但，雖不妨大膽，卻不能不注意前後之統一。

㈡教師先行示範仿寫，並講述意象系統之關聯性。

㈢請學生挑選其中一節，進行仿寫。

仿寫示例

一羣少年人／帶著光／湧進來／將最暗的位置／亮起來／同所有聲音／炸在一起／／窗內一支刀叉／窗外一部跑車／眼裡的神采／較來往的人／更無憂慮地邁向／迷妳而帥勁的／中午

＊案：有關「現代詩的寫作教學」，可以參考之重要書目
──

• 蕭　蕭著　現代詩遊戲　爾雅出版社
• 蕭　蕭著　現代詩創作演練　爾雅出版社
• 白　靈著　一首詩的誕生　九歌出版社
• 白　靈著　一首詩的誘惑　河童出版社
• 渡　也著　新詩補給站　三民書局

• 潘麗珠著　臺灣現代詩教學研究　五南圖書公司

三、改寫活動

「活動說明」

　　㈠請學生設想〈麥當勞午餐時間〉的情境，說一說其中可能產生的細節，例如人物的動作、對話或心情等。

　　㈡請學生將之改寫成一篇白話文或極短篇小說。

「注意事項」

　　㈠教師須先說明「改寫」的意涵。

　　㈡爲學生介紹「極短篇」的特色，並舉例說明。

＊案：有關「極短篇」寫作，可參考張春榮著，爾雅出版社出版《極短篇的理論與創作》一書。

〈車過枋寮〉
的教學活動設計

　　余光中關於台灣鄉土的詩作，〈車過枋寮〉是頗受讀者青睞的一首，經常在詩歌朗誦比賽中見到這首詩。這首詩的語言趣味既簡單又豐富：簡單是因為有許多平易近人又反覆出現的句子；豐富則是因為相同句式有不同語詞的變化和使用了「牧神」的典故，以及結尾「鹹」的大逆轉。

　　筆者向來主張讓學生早一點練習現代詩的寫作，詩樣的年紀、詩樣的情，應該以詩紀錄生命。萬卷樓出版林瑞景著作的《創意作文與新詩教寫》，和仇小屏著作的《下在我眼眸裡的雪》等新詩教學書籍，都可以提供極好的參考。

　　以下，請看筆者對於〈車過枋寮〉的教學活動設計。

雨落在屏東的甘蔗田裡，
甜甜的甘蔗甜甜的雨，
肥肥的甘蔗肥肥的田，

雨落在屏東肥肥的田裡。
從此地到山麓,
一大幅平原舉起
多少甘蔗,多少甘美的希冀!
長途車駛過青青的平原,
檢閱牧神青青的儀隊。
想牧神,多毛又多鬚,
在那一株甘蔗下午睡?

雨落在屏東的西瓜田裡,
甜甜的西瓜甜甜的雨,
肥肥的西瓜肥肥的田,
雨落在屏東肥肥的田裡。
從此地到海岸,
一大張河床孵出
多少西瓜,多少渾圓的希望!
長途車駛過纍纍的河床,
檢閱牧神纍纍的寶庫。
想牧神,多血又多子,
究竟坐在那一隻瓜上?

雨落在屏東的香蕉田裡，
甜甜的香蕉甜甜的雨，
肥肥的香蕉肥肥的田，
雨落在屏東肥肥的田裡。
雨是一首濕濕的牧歌，
路是一把瘦瘦的牧笛，
吹十里五里的阡阡陌陌。
雨落在屏東的香蕉田裡，
胖胖的香蕉肥肥的雨，
長途車駛不出牧神的轄區，
路是一把長長的牧笛。

正說屏東是最甜的縣，
屏東是方糖砌成的城，
忽然一個右轉，最鹹最鹹，
劈面撲過來
那海。

重點分析

　　這是一首台灣鄉土詩，詩中描寫屏東盛產的甘蔗、西瓜
和香蕉。詩人運用了這三種農產品的共同特色——甜，以及

希臘神話中的牧神來貫穿全詩。希臘神話中的牧神「潘」，手中拿著排笛，經常吹著誘人的音樂；詩人以牧神的多毛多鬚比喻甘蔗，以牧神的多血多子比喻西瓜，以牧神的轄區比喻廣大的香蕉林，意象十分鮮活。因此「意象」的練習，是本文的一個重點。

　　本文有許多反覆出現的句子，這些句子造成詩歌的迴旋複沓，這是本詩可以學習的另一個重點。當然「詩歌團體朗誦」更是不宜放過的活動，因為此詩之文句與明朗度，都很適合朗誦；但為了有所變化，採取分組朗誦觀摩的方式。

　　另外就是創作了。請讓學生寫寫詩吧，以寫詩的方式記錄他們的學習。

教學活動設計

一、意象的練習

活動說明

　　㈠「甘蔗、西瓜和香蕉」都指向甜，有什麼東西都指向「苦」或指向「酸」？這些東西可以比擬為人生中的「苦」或「酸」嗎？請學生想一想，發表自己自己的看法。

　　㈡在我們的古老傳統中，有無像希臘神話中的牧神那

樣，可以做為農作物的意象？請學生分組討論，並提出各組的答案。

注意事項

(一)教師宜先向學生說明：何謂「意象」？何謂聯結眾多意象的「意象羣」和「意象系統」？（請參閱筆者所著，五南圖書公司出版之《現代詩學》談「意象」的部分）

(二)我們傳統中的「福德正神」，其鬍子和枴杖；或是「觀世音菩薩」的楊柳枝與甘露瓶，或可請學生思考一番。

二、上網搜尋作者資料活動

活動說明

(一)「國家圖書館」的網站裡，有「國家圖書館全球資訊網／文學藝術資訊網／當代文學史料影像全文系統」，內容非常豐富，收錄五十餘年來臺灣地區當代文學作家約兩千位作家的資訊，包括著作、評論、得獎紀錄等等，是一座關於現當代文學的寶山，很可以讓學生上網尋寶。

(二)另有其他「文學網站」，資訊亦可從「當代文學史料影像全文系統」取得。

> 注意事項

　　雖然電腦使用已具普遍性，但仍有一些家庭沒有電腦，教師宜注意幫助這些學生解決難題，完成工作。

三、分組團體朗誦觀摩

> 活動說明

　　㈠對學生說明「獨誦、合誦、輪誦、疊誦、滾誦」等技巧的意義與作用。（請參閱本書談到「詩歌朗誦」的部分。）

　　㈡說明「詩稿處理」應掌握的原則。

　　㈢將學生分成三或四組，請他們將本文加以處理，排練，在課堂上分組展演，相互觀摩。

> 注意事項

　　㈠教師宜規定展演時間約五到七分鐘。

　　㈡請各組共同記下他組之優、缺點，展演完畢共同討論。

　　㈢教師宜仔細紀錄每一位學生的表現狀況，爲此，安排V8錄影有其必要。（事前宜先知會學生。）

四、創作的遊戲

活動說明

㈠從「甜」字發端：教師在黑板寫下「甜」字，請學生展開聯想。將所聯想到的詞彙寫在黑板上。

㈡詞彙剪裁：黑板上所記下的詞彙，逐一分析，將關聯性不大，不容易構成「意象系統」的詞彙擦去。

㈢由詞彙到語句：將保留下來的詞彙發展成短語或句子。

㈣排列遊戲：試將所發展的語句排一排，隨著詩意的連貫性調整次序。

㈤加工或刪修：詩意不能接續的，考慮加句或刪改。

㈥最後確認：考慮詩行、段落，進行確認。

㈦為詩命題，記下詩作。

注意事項

㈠提醒學生：全部的過程都要筆記下來。

㈡教師須確定學生明瞭何謂「意象系統」。

㈢本活動屬於集體創作，教師可交代學生依此模式，自行創作一首詩做為課後作業。

五、張貼台灣鄉土詩

活動說明

㈠說明什麼是「台灣鄉土詩」。

㈡請學生找一找，除了曾經學過的作品，如吳晟的〈負荷〉等，還有哪些詩人的哪些作品屬於同一類？

㈢將找到的現代詩篇抄錄下來或影印，張貼在教室內，大家共同欣賞。

注意事項

㈠教師宜規定每位學生至少一首，若有相同者，不必重複張貼。

㈡為了張貼後能夠看得清楚，教師宜提醒學生注意字的大小。

〈立場〉
的教學活動設計

　　現代詩是一個戰場，一個駕馭文字飛行、以文字爭鋒的戰場；也是一處自由天地，一處縱放想像、構築詩思廣廈的天地。但也可以很節制，以最少的字說最多的話。詩人向陽以「十行詩」獨步現代詩壇，既與文字爭戰，又與自由交鋒，堅守詩歌的文字稠密度與形式精緻性，廣受肯定。教師在教導學生創作現代詩時，宜讓學生充分理解「現代詩」不是「分行的散文」，雖然也有「散文詩」，詩歌文字的稠密度還是很高的。

　　以下，是〈立場〉的教學活動設計。

你問我立場，沉默地
我望著天空的飛鳥而拒絕
答腔，在人羣中我們一樣
呼吸空氣，喜樂或者哀傷

站著，且在同一塊土地上

不一樣的是眼光，我們
同時目睹馬路兩旁，衆多
腳步來來往往。如果忘掉
不同路向，我會答覆你
人類雙腳所踏，都是故鄉

重點分析

　　這是一首意象單純、旨趣明朗，卻能表現詩人豐富內涵
的十行詩。向陽曾說過，希望以有限十行，寫無限天地。這
首詩頗能試出詩人理念與實務兼具的功力。向陽的「十行
詩」，就是一首詩前後各兩節，每節五行，藉著整齊均衡的
形式，相互形成對比、辯證或呼應的關係。

　　本詩的押韻與詩行節奏，是值得注意的重點之一。此一
重點，讓詩歌在形式上，顯現出詩歌體裁的精緻性，因之所
造成的句中韻讓聲情更加美聽，而不覺得散漫。如果能像徐
志摩的〈再別康橋〉或席慕蓉的〈出塞曲〉一樣，譜成歌曲或行
吟曲，那就再好不過了。

教學活動設計

一、尋找韻腳，討論結果

┌─────────┐
│ 活動說明 │
└─────────┘

(一)本詩押韻，除了句末，句中也有韻腳。請學生找出來。

(二)讓學生自由討論為什麼會「句中押韻」？指定學生發表意見，適時予以補充說明。

┌─────────┐
│ 注意事項 │
└─────────┘

(一)新詩特殊的分行技巧造成了句中押韻的情形，此與新詩之「詩形結構」有關。

(二)本詩的韻腳是：場、腔、樣、傷、上，光、旁、往、向、鄉。

二、「詩形結構」重組

┌─────────┐
│ 活動說明 │
└─────────┘

(一)請學生將課文原詩的詩行重新排列，看是否能排出幾

種不同的形式。

　　㈡比較、討論新形式與原詩的優、劣，以了解詩人推敲「十行詩」的苦心。

　　| 注意事項 |

　　㈠一種可能的新形式——

你問我立場，

沉默地我望著天空的飛鳥而拒絕答腔，

在人羣中我們一樣呼吸空氣，

喜樂或者哀傷

站著，

且在同一塊土地上

不一樣的是眼光，

我們同時目睹馬路兩旁，

衆多腳步來來往往。

如果忘掉不同路向，

我會答覆你人類雙腳所踏，

都是故鄉

　　㈡說明這樣的新形式，不但詩行增加，也有散文化的傾

向,且詩的韻味並沒有更好,其中的關鍵在於句中押韻因而不見了,讀起來便顯得板滯,同時「節奏感」也沒有原詩好。

三、「疊誦」活動

活動說明

㈠本文前後兩節各五行,適合進行疊誦。向學生說明「疊誦」的意義以及本活動的目的。

㈡將學生分為三組,第一組朗誦至第二節時,第二組開始朗誦第一節;第二組朗誦至第二節時,第三組開始朗誦第一節。到第三組朗誦第二節時,一、二組一起加進來合誦。

注意事項

㈠本活動的目的在於幫助學生鞏固〈立場〉一詩的記憶。

㈡遇韻腳時,可以加入拍手或跺腳的動作,以增強印象。

㈢各組有不整齊的現象時,即須重來。

四、「行吟」遊戲

活動說明

(一)播放〈再別康橋〉或〈出塞曲〉的歌唱錄音帶給學生欣賞。

(二)介紹新詩的「可歌性」。

(三)依據本書所寫「吟詠的步驟」，指導學生如何將新詩「歌」出來。（請參閱「附錄一」。）

(四)分配小組，請學生以小組集體創作方式，將〈立場〉譜成歌。

(五)安排課堂驗收。（若有不便，可以錄音帶播放方式呈現。）

注意事項

(一)坊間的校園民歌CD中，有〈再別康橋〉或〈出塞曲〉。

(二)使用時宜向學生說明歌曲的主唱、作曲及製作公司。

(三)鼓勵學生盡量以現場獻聲方式表演，以方便教師觀察學生的學習、表現狀況，在適當機會予以引導。

國語文教學活動設計

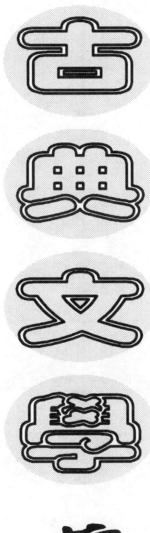

古典文學

篇

〈春夜宴從弟桃花園序〉
的教學活動設計

　　整體來說，教學活動含括幾個階段：課前準備活動、課堂發展活動、綜合活動和評量活動。

　　「課前準備活動」的時間可能很長，好比說兩個月；也可能很短，一個晚上即已足夠；關鍵在於教師對於「綜合活動」的設計與要求。例如想要進行現代詩的朗誦以及詩人的採訪活動，由於前置作業如詩稿設計構思、資料閱讀等等極需時間，「課前準備活動」就得拉長戰線；而如果不進行什麼「綜合活動」，單就課文之作者、題解、字音、字義、文法、修辭、篇章結構等一般「發展活動」進行之，則「課前準備活動」就不會花費很多時間，尤其是對資深教師而言。

　　然而教學的樂趣之一，就在於教師對自己永無止境的挑戰，同一篇文章不但面對的學生不同（不同班），教學的方式也會有所調整，經常對所講授的篇章保持新鮮感。

　　以下，以李白的〈春夜宴從弟桃花園序〉為例，介紹筆者的教學活動設計。

原文

　　夫天地者，萬物之逆旅也，光陰者，百代之過客也；而浮生若夢，為歡幾何？古人秉燭夜遊，良有矣也。況陽春召我以煙景，大塊假我以文章。會桃花之芳園，序天倫之樂事。群季俊秀，皆為惠連；吾人詠歌，獨慚康樂。幽賞未已，高談轉清。開瓊筵以坐花，飛羽觴而醉月，不有佳詠，何伸雅懷？如詩不成，罰依金谷酒斗數。

重點分析

　　本文有幾個重點值得注意：

　　現代人出書經常撰寫自序，或者敦請文壇大老美言而有他序，古人寫序文的機會也很多，究竟古人的「序文」分哪幾類？

　　〈春夜宴從弟桃花園序〉是一篇極有情致的短篇律賦。「律賦」和「漢賦」有何淵源？「賦」體文學之發展情形為何？

　　李白的文學成就，除了廣為人知的詩歌作品之外，還有哪些傑出的表現？

　　教師在從事「綜合活動」時，可以針對上述重點出發，

讓學生愉快地從活動中「在做中學」。

一、繪製「賦體發展流變表」

┌─────────┐
│ 活動說明 │
└─────────┘

　㈠教師講授漢賦以來，賦體文學的發展概況。

　㈡請學生依據教師所說，自製「賦體發展流變表」。

┌─────────┐
│ 注意事項 │
└─────────┘

　㈠表格的基本項目有四欄：朝代、流行賦體、代表作家、備註。

　㈡此表的繪製宜在教師講完賦體文學發展概況後，即刻進行，以增強學生的記憶。

二、文章改寫

┌─────────┐
│ 活動說明 │
└─────────┘

　㈠向學生強調課文的情致所在，請他們想像：春夜、桃花盛開的園子、親友相聚、吟詩高歌……

　　㈡然後，讓學生將課文全文改寫成一篇白話散文。

　|注意事項|

　　㈠教師宜對「改寫」的意義包括文體的改變、內容的添
枝加葉，或局部內容的捨棄、變換、秩序更動等，先向學生
說明。

　　㈡鄭重提醒學生：不是「翻譯」！

　　㈢如果能夠在教室布置一有音樂、有飲品的PARTY情
境更好。

三、名句仿作

　|活動說明|

　　㈠運用投影片或海報紙秀出以下三組名句——
　　況陽春召我以煙景，大塊假我以文章。
　　會桃花之芳園，序天倫之樂事。
　　開瓊筵以坐花，飛羽觴而醉月。

　　㈡請學生依其情意或句式結構，仿傚造句。

　|注意事項|

　　㈠第一組要注意「陽春」和「大塊」、「煙景」和「文

章」同義，在修辭學上，屬於「互文」的情形，仿作時要加以注意。

㈡第二組以「之」字而言，是「類疊」修辭；「會」、「序」皆為動詞。

㈢第三組宜注意「開瓊筵」和「坐花」、「飛羽觴」和「醉月」之間，具「同質性」關係。

四、吟誦活動

活動說明

㈠本文屬於介於「韻文」和「散文」之間的賦體，極適合以「吟誦」方式表現文章的聲情。

㈡關於「吟誦」的意義與方法，本書已多次提及，請國文教師自行對照、參考。

㈢可以考量採用錄製錄音帶的方式，考察學生的實踐成果，並將他們年輕的聲音存檔下來，以資紀念。

注意事項

㈠若要讓學生錄製錄音帶，宜注意出作業的時間，切勿在學生功課緊張的時候。

㈡對句及因果句的緊密性，宜用聲音處理出來。

㈢教師宜先行示範，以身作則，並提醒學生注意細節。

五、「找序文」活動

┌────────┐
│ **活動說明** │
└────────┘

㈠請學生就家中所擁有的現代作家的書，影印兩篇「序文」。

㈡簡要寫出所找的「序文」屬於「自序」或「他序」，並歸納文中的重點，以條列法記述在影印的空白處。

㈢教師檢閱後，向大家說明成果，並稱揚表現認眞的學生。

㈣公開討論現代人的序文之論述重點，和李白的文章重點有無異同。

┌────────┐
│ **注意事項** │
└────────┘

提醒學生所影印的文章要注明書名、作者、頁碼與出版單位。

〈赤壁賦〉
的教學活動設計

　　關於蘇軾和〈赤壁賦〉，能夠談的內容非常之多，一般教師在備課的過程中，不怕找不到資料，只怕資料沒有時間消化，以及課堂時間不足以將準備的資料講完。果眞如此，還需要設計教學活動嗎？筆者的答案是肯定的！道理非常簡單：文言文的教學方式，絕對不是一成不變的，文言文教學一樣可以很活潑。

　　然而，授課時間從哪裡來？筆者建議：老師未必需要再仔細說明東坡生平（因以前講過），若是以讓學生課外閱讀林語堂《蘇東坡傳》的方式，將作者介紹的時間省下來，再將題解的說明融入課文講解中進行，如此一來，教學活動設計便可付諸施行。當然，這樣的選擇與安排，是一個觀念問題，端視授課教師如何取捨。

　　以下，以蘇軾的〈赤壁賦〉爲例，介紹筆者的教學活動設計。

原文

（茲略，請參閱《古文觀止》一書）

重點分析

　　東坡〈前赤壁賦〉是千古大文章，若果沒有特殊的教學活動，眞會對不起坡仙。

　　就課文來說，諸多名句，很值得學生仿傚；內容之精彩，很值得學生全文背誦，但要有別於一般的默寫方式，所以可從背誦的方法上下工夫。

　　文中有歌、有簫聲，「歌」和「文」的區別宜讓學生明白分曉，而關於簫聲的名句，更應該讓學生永久記住。至於「虛字詞」如「之」、「乎」、「者」、「也」，也可以藉由不算太長的本文做一整理。

　　唐宋文中，有數篇賦體文佳作宜介紹給學生知道，除了本文〈赤壁賦〉，還有杜牧的〈阿房宮賦〉、歐陽修的〈秋聲賦〉等，可以一併藉由此次機會介紹給學生。同時，還可以和李白的〈春夜宴從弟桃花園序〉同樣是賦體類文章並列，一起觀察賦體類文學發展狀況，比較其間之異同。

　　當然，本文的人生哲思也是重點之一，要靠教師於課堂上多加發揮，以見出傳統讀書人對於人生與自然的態度。

 教學活動設計

一、猜謎遊戲

活動說明

㈠教師請將「抱明月而長終」一句，寫在黑板上。

㈡請學生以此句為謎面，猜明代知名的大文學家（也是大政治家）一人，思考謎底為何。

㈢教師宣布答案：歸有光。並解釋：「長終」，歸也；「抱明月」自然是「有光」。

注意事項

㈠教師所給予的提示，宜視學生的思考情形而定。

㈡此遊戲適合用在「引起動機」上。

二、名句仿作

活動說明

㈠運用投影片或海報紙秀出以下三組名句——

誦明月之詩，歌窈窕之章。

其聲嗚嗚然，如怨如慕，如泣如訴。

哀吾生之須臾，羨長江之無窮。

㈡請學生依其情意或句式結構，仿傚造句。

注意事項

㈠第一組要注意是「互文」修辭，因此「誦」和「歌」、「明月」和「窈窕」、「詩」和「章」是同義詞。

㈡第二組注意「怨、慕、泣、訴」是由「嗚嗚然」所引發的，都與聲音相關。

㈢第三組注意「哀」和「羨」、「須臾」和「無窮」意義上的對立性質。

㈣教師可先行示範，以增強學生的信心。

參考答案

㈠詠青蓮之歌，吟太白之篇。

㈡其色燦燦然，如輝如亮，如銀如光。

㈢喜生平之無愧，嘆天倫之有憾。

三、繪製虛字詞表

活動說明

㈠請學生將課文中的虛字（例如「也」字）羅列出來，各別比較其作用（如句末語氣詞、轉折連接詞等），然後歸類。

㈡依據所歸類別，繪製一張圖表，表中宜有例句。

注意事項

㈠此表的繪製，有助於對虛字的理解與記憶。

㈡教師宜規定學生統一採用A4大小的紙張繪圖。

四、「歌詩」活動

活動說明

㈠課文中「桂棹兮蘭槳，擊空明兮泝流光；渺渺兮余懷，望美人兮天一方。」屬於「楚辭體」，極適合以「歌吟」的方式表現文章的聲情，並幫助學生的記憶。

㈡關於「吟誦」或「歌吟」的意義與方法，本書已多次提及，請國文教師自行對照、參考。

㈢可以考量採用錄製錄音帶的方式,考察學生的實踐成果,並將他們年輕的聲音存檔下來,以資紀念。

┌─────────┐
│ 注意事項 │
└─────────┘

㈠若要讓學生錄製錄音帶,宜注意出作業的時間,切勿在學生功課緊張的時候。

㈡教師宜先行示範,以身作則,並提醒學生注意細節。

五、分組背誦接力

┌─────────┐
│ 活動說明 │
└─────────┘

㈠將學生分為四人或五人一組,以進行分組背誦接句比賽。

㈡規定同一組的每一位學生一次最多可以背五句。每一位都得參與。

㈢以輪組測試方式,在規定時間內,最快完成全文背誦的小組獲勝。

┌─────────┐
│ 注意事項 │
└─────────┘

㈠進行此一活動,教師宜準備「按鈴」與「碼表」等道具。

(二)準備獎品以鼓勵獲勝的小組。

六、「找賦體文」活動

活動說明

(一)請學生從家中或圖書館所找到的書中,找出兩篇「賦」體文章,影印。

(二)簡要寫出所找的賦體文章屬於何種性質,並歸納文中的重點,以條列法記述在影印資料的空白處。

(三)教師檢閱後,向大家說明成果,並鼓勵表現認真的學生。

注意事項

(一)提醒學生所影印的文章要注明出處。

(二)請與〈赤壁賦〉比較主題、結構、思想等。

《牡丹亭‧驚夢》之「遊園」
的教學活動設計

　　舊教科書部編本第六冊所選的劇曲作品是〈糟糠自厭〉，筆者以為雖寓有教忠教孝之理，卻不易引起學生的共鳴，因為生活經驗實在距離太遙遠了，學生不能理解：人為什麼要吃糠？糠的味道他們也無法體會。而且，現今在舞台上最常搬演的傳奇作品，並非《琵琶記》，而是《牡丹亭》，尤其〈驚夢〉的前半部分「遊園」一折，每演必見，十分熱門。因此當筆者參與正中書局的高中課本編撰工作時，即主張選編「遊園」，且其「愛情」主題極受關注，若能順勢引導學生正確之愛情觀，洵為美事。本文即以《牡丹亭‧驚夢》之「遊園」做為此次教學活動設計的主體。

原文

（旦上唱）【遶池遊】夢回鶯囀，亂煞年光遍，人立小庭深院。（貼接唱）炷盡沉煙，拋殘繡線，恁今春關情似去年。

（旦念）曉來望斷梅關，宿妝殘。（貼接念）你側著
宜春髻子恰憑欄。（旦念）剪不斷，理還亂，悶無
端。（貼接念）已吩咐催花鶯燕惜春看。（旦白）可
曾吩咐花郎掃除花徑麼？（貼白）已吩咐過了。（旦
白）取鏡台衣服過來。（貼白）是。衣服鏡台在此。
（旦唱）放下。好天氣也。

（旦唱）【步步嬌】裊晴絲吹來閒庭院，搖漾春如線。
停半晌，整花鈿。沒揣菱花，偷人半面，迤逗的彩雲
偏。我步香閨怎便把全身現？

【醉扶歸】你道翠生生出落的裙衫兒茜，豔晶晶花簪八
寶填。可知我一生兒愛好是天然，恰三春好處無人
見。不提防沉魚落雁鳥驚喧，則怕的羞花閉月花愁
顫。

（貼白）來此已是花園門首，請小姐進去。（旦念）
看，畫廊金粉半零星，池館蒼苔一片青。春香，不到
園林，怎知春色如許。（貼白）正是。

（旦唱）【皀羅袍】原來姹紫嫣紅開遍，似這般都付與
斷井頹垣。良辰美景奈何天，賞心樂事誰家院！朝飛
暮捲，雲霞翠軒。雨絲風片，煙波畫船。錦屏人忒看
的這韶光賤。

【好姐姐】遍青山啼紅了杜鵑，那荼蘼外煙絲醉軟。那

牡丹雖好，他春歸怎占的先？閒凝眄，生生燕語明如
剪，嚦嚦鶯聲溜的圓。

（貼白）這園子委實觀之不足。（旦白）提它則甚。

（貼白）回去了吧。（旦白）回去了吧。

（旦唱）【尾聲】觀之不足由他繕，便賞遍了十二亭臺
是枉然。倒不如興盡回家閒過遣。

重點分析

《牡丹亭‧驚夢》之「遊園」可以從下列幾點加以欣賞：

一、本事動人，主題浪漫

《牡丹亭》全文通過杜麗娘和柳夢梅生死離合的愛情故
事，反映出青年男女熱烈追求婚姻自由的強烈願望，全劇的
主題一言以蔽之是一個「情」字，情的巨大力量可以使杜麗
娘鬱鬱而死，也可以使杜麗娘死而復生。全劇構思新穎奇
特，主題富有吸引人的浪漫奇想色彩，因此沈德符《顧曲雜
言》說《牡丹亭》一出：「家傳戶誦，幾令《西廂》減價」。傳
說婁江俞二娘，讀了此劇，自傷身世，斷腸而死。杭州女伶
商小玲演此劇，歌未盡而氣絕。又，內江某女子仰慕湯顯祖
的才華，想要嫁給他，但是湯顯祖已屆高齡，婉拒了她的要
求，那女子竟投河而死。

這些傳說無論真實可靠與否，都可以知道《牡丹亭》在一

般人心目中是如何的地位了。古代的女子，大半是欠缺愛情
的。她們只能幻想，所謂的「傷春」，多半是在懷著種種幻
想憧憬，卻又不能實現的情況下造成的。那種微妙的心情、
強烈的盼望、說不出的渴念，混合著歲月虛度、青春逝去的
傷感。湯顯祖透視了女子的心情，代她們說出心底深處無法
吐露的衷腸話。他深知情之三昧，又看透情之一切，在《牡
丹亭·題詞》中他說：「如麗娘者，乃可謂之有情人耳。情
不知所起，一往而深。生者可以死，死可以生。」又說：
「嗟夫！人世之事，非人世所可盡。……第云理之所必無，
安知情之所必有邪？」理性不能概括人世之一切現象，若以
理來衡量《牡丹亭》的情，必至迷失而不可得。湯顯祖之作
《牡丹亭》，正是爲了要在理性之外，開創另一個有情的世
界。

　　〈驚夢〉一齣之「遊園」部分，【步步嬌】曲牌之第一句
「裊晴絲吹來閒庭院」，「晴絲」諧音「情絲」，把春光爛
漫、迷離醉人的氛圍鋪陳出來，而藉由小姐的梳妝打扮、遊
賞花園，將「春光、青春、春情」三者加以縮合、相互映
襯，借春光和青春的隱喻、烘托而委婉曲折地使人意會杜麗
娘的春情，爲後來夢中與柳夢梅的歡會設下了極好的伏筆，
使此一故事既動人，又浪漫。

　　二、塑造人物，形象鮮明

　　《牡丹亭》的人物形象塑造，是極鮮明、成功的。以杜麗娘來說，她的出身和社會地位規範她應該被教養成具有三從四德的賢淑女性，在她父親杜寶和塾師陳最良看來，《詩經》首篇〈關雎〉的「后妃之德」是最適當的教本，但杜麗娘卻直覺地認出這是一首熱烈的戀歌。在婢女春香的慫恿下，她偷偷地離開繡房，前去花園，因而第一次看到了真正的春天，也第一次發現自己的生命和春天一樣美麗。所謂「不到園林，怎知春色如許」，大自然喚醒她的青春活力，但是面對封建的層層壓抑，她不能不深沉地嘆息「原來姹紫嫣紅開遍，似這般都付與斷井頹垣。良辰美景奈何天，賞心樂事誰家院！」她不是惋惜三月殘春，而是眼見青春瞬間逝去卻無能為力，這種無法自主的傷懷，便是遊園時的杜麗娘內心寫照。至於春香的人物形象，則完全是個孩子，一心想要遊園，興高采烈地遊賞後還說「觀之不足」，與杜麗娘「便賞遍了十二亭臺是枉然」的滿腔心事構成對比。

　　三、身段優雅，聲腔婉約

　　「遊園」能廣受歡迎，在舞臺上的演出歷久不衰，箇中原因，還必須從杜麗娘與春香主僕二人在舞臺上載歌載舞的表演，身段舞姿曼妙好看，聲腔旋律纏綿動人來了解。許多外國朋友在欣賞了「遊園」這一折子戲的身段表演之後，忍不住稱讚說韻味像極了芭蕾舞蹈的雙人舞。無論是杜麗娘的

水袖、摺扇，還是春香的團扇、雲步，以及兩人或一前一
後、或一左一右、或一高一低，總是以相對應的位置，構築
出舞臺上身段表演的對稱之美。

　　至於聲腔旋律的纏綿動聽、優美婉約，實爲崑曲中之翹
楚，令人百聽不厭。例如第一個曲牌【遶池遊】第一句「夢回
鶯囀」的「囀」字，聲腔的旋律流動幾可喻擬鶯啼之美妙；
而【步步嬌】第一、二句「裊晴絲吹來閒庭院，搖漾春如線」
的聲腔旋律與節奏韻致，和杜麗娘的春情啓動是形神相符
的；【皂羅袍】中的「良辰美景奈何天，賞心樂事誰家院」二
句，旋律之抑揚與引聲，和曲詞的字義及主人翁的心緒完全
扣合，聲腔美極了！

　　相信就是因爲「遊園」和之後的「驚夢」是這麼精采，
才會吸引當代著名的小說家白先勇撰寫〈遊園驚夢〉，同時還
將這篇小說改編成舞臺劇搬上舞臺演出吧。

教學活動設計

一、欣賞戲曲活動

活動說明

　　㈠安排學生欣賞《牡丹亭・驚夢》之「遊園」部分。

㈡為學生解說杜麗娘「閨門旦」和春香「貼旦」在舞台表演方面的特色。

㈢請學生上網查詢有關戲曲行當「生旦淨丑」等相關資料。

注意事項

㈠文建會及中正紀念堂國家劇院的表演藝術圖書室，有許多豐富的視聽資料。

㈡網路上有許多如「戲文社」、「戲園子」、「國劇──新文局」等網站，可供查詢戲曲的相關資料。學生只要鍵入關鍵字加以搜尋即可得。

二、依樣畫葫蘆活動

活動說明

㈠照樣「做身段」。教師教學生做「拉山膀」、「摸鬢」等身段，學生起立，依樣畫葫蘆。

㈡教師向學生說明戲曲身段的「程式性」，及其舞蹈性質。

> 注意事項

㈠文建會出版，鍾傳幸著《國劇之旅》一書，值得參考。

㈡國文教師若有身段之教學困難，可求助於其他教師的幫忙。

三、隨譜「唱曲」活動

> 活動說明

㈠將下列唱譜影印給學生，請他們分組學唱。

㈡各組上台展現學習成果，或是全員進行大合唱。

> 注意事項

㈠分組時，宜注意對音樂較為熟悉之學生要安置在不同組別裡。

㈡也可以商請音樂教師在音樂課中幫忙督促學生練唱。

＊唱譜（引自周秦主編《寸心書屋曲譜乙編》）——

牡丹亭 ‧ 遊園

【南仙呂入雙調】【步步嬌】

1＝D (小工调)

(五旦唱) 裊 晴 絲吹來 閒

庭 院， 搖 漾

春 如 線，

停 半 晌， 整 花

鈿， 沒 揣 菱

花， 偷人 半

國語文教學活動設計

四、辯論會活動

活動說明

(一)以「愛情比麵包重要」爲題，讓學生分爲正、反兩方，整理論點、蒐集資料、設計質詢問題，推派三位辯士，進行「奧瑞岡」式辯論活動。

(二)非辯士同學和敎師一起擔任評判人，並提供講評意見。

注意事項

(一)敎師宜先說明「奧瑞岡」式辯論活動的進行方式。可參考三民書局出版之《國音學及語言運用》一書，有關「辯論」一章。

(二)因非正式比賽，不必進行得太過嚴肅，敎師宜見機紓緩學生情緒。

(三)敎師於綜合講評時，宜向學生強調時下謬誤的「愛情觀」可能造成的嚴重後果，以及所製造的社會問題。

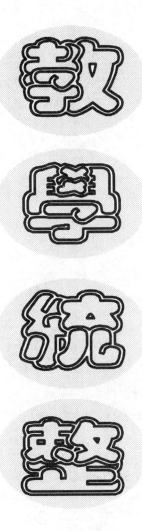

教學統整

篇

九年一貫國語文學科內之統整教學設計
以「友情」主題爲例

一、前言

　　做爲「九年一貫」學制發展的關心者及教育部「基本學
力暨多元評量」專案的研究者，筆者與中小學國語文教師多
所接觸，對他們內心之惶恐與不安，深可理解。然，「九年
一貫」學制有其教育上的積極思維，對教師的終身學習、專
長發揮，以及對學生的多元化考察、潛能開發，皆具正面意
義。就國語文學科而言，其與其他學科的統整，固然因感到
陌生、困難而引發教師的不安，但其學科內自身之統整，卻
是國語文教師足可勝任之事。本文以「友情」主題爲例，呈
現國語文學科內相同文類的統整情形、著眼於「聽、說、
讀」三領域統整的聲情教學、分別可能遭遇之問題及解決方
法，以及相應於課程統整而來的評量設計等。

二、「九年一貫」學制對國語文教育的積極思維

陳伯璋在〈九年一貫課程的理念與理論分析〉一文中說：「無論就目標、學習領域與基本能力，或是實施原則，約略可看出如下重要的理念：一、學校本位（school-based）。二、課程統整（curriculum integration）。三、空白課程。四、能力本位。五、績效責任（accountability）。」（陳伯璋，民89）談「目標、學習領域與基本能力」，顯然是從學生之立場出發；然而既是「學校本位」，即宜鼓勵教師發揮專長，長期以來，教師之教學活動，總是被動地受既定之教材所牽引，沒有太大的彈性，無法充分發揮專長。「九年一貫」學制，鼓勵教師站在自己之專業上，發展教學策略，結合一己之專長，推動具有學校色彩、在地風格的教材研發，豎立學校特色。為了有效達成此一目標，須推動教師之積極進修與不間斷之自我充實，資訊之日新月異，吸取新知是現今教師責無旁貸之事，而如何轉化新觀念，以落實在課程之中，端視教師之不斷充實自我、積極進修。

同時，回到學生的立場上來看，落實多元化的評量方式，以發現學生的優質所在，及早確定學生的興趣與適合發展的方向，應是「九年一貫」學制很重要的一個思維。單一式的評量，往往一個分數代表一切，則「○○分」的意義究

竟說明了學生是閱讀強、寫與作弱，還是寫與作強、說與聽弱？意義其實是不清楚的。學生如何能把握自己的優點予以發揮，針對自己的缺點予以補強，似乎無從下手。因之，落實多元化的評量方式，有助於前述問題之改善。又，當學生了解到自己的長處，若能持續深化優點、強化能力，對其潛能之開發具正面效益，學生也較容易具有樂觀、自信之特質。

三、國語文「友情」主題的統整設計

由教育部委託臺灣師大教育研究中心之《國民中小學九年一貫課程基本能力實踐策略》的研究報告中說：「九年一貫課程改革認為跨世紀的國民教育應該培養具備人本情懷、統整能力、民主素養、鄉土與國際意識、以及能進行終身學習之健全國民。」（楊思偉，民88）

「人本情懷」是一種以人為本的終極關懷，例如惻隱之心、辭讓之心、同理心等等；「統整能力」是一種宏觀視野與微觀思辨的整合能力；「民主素養」意在養成尊重自己、尊重他人，廣納不同意見的包容力；「鄉土與國際意識」則是立足本土、放眼世界的態度與氣魄；同時要不間斷地追求新知、培養能力，以落實終身學習的意義。就國語文課程而言，如何在課程教學設計之中，將上述理念考量含括進去，

是吾人可以積極構思處。以「友情」主題之統整教學爲例，
其終極關懷當然是人際關係的熱絡或疏離；而當吾人考量相
同時代、不同作家或不同時代、相同主題之作品，研究其間
之同、異等相關問題時，即是「統整能力」之發揮；友情作
品，本就是著眼於人與人之間的相處，當吾人能夠尊重別人
時，別人自然便尊重自己，人們相互尊重，「民主素養」即
可紮根。此於教學過程中，藉由教師授課的模式與引導，學
生得以耳濡目染，慢慢培養出一己之統整能力，進而發揮個
性與創造力，乃是可以期待的事。以下，試從幾個方面來談
國語文「友情」主題之統整教學。

(一)相同文類之統整教學

古典文學可概分爲「詩歌」、「散文」與「駢文」三大
類。在同一類別之中，將不同時代之作品，或相同時代不同
作家之作品，或同一作家之不同作品，取其主題相同或藝術
手法相似，或有各種同質性者，併而論之，這便是一種「相
同文類之統整」。進一步說，「統整」係就不同篇章淬取其
題材同質性，手法承襲性，或發展淵源性等，同時，還須觀
照作品之間的差異性與特殊性。換言之，統整者必須具有宏
觀的視野與微觀的細膩，或者說，「統整」之做法，乃是訓
練統整者朝向宏觀視野與微觀細膩之能力養成。以下各詩，

係筆者所選與「友情」有關的古典詩歌的例子：

孟浩然〈過故人莊〉

故人具雞黍，邀我至田家。

綠樹村邊合，青山郭外斜。

開軒面場圃，把酒話桑麻。

待到重陽日，還來就菊花。

李白〈送孟浩然之廣陵〉

故人西辭黃鶴樓，煙花三月下揚州，

孤帆遠影碧空盡，唯見長江天際流。

關漢卿〈南呂四塊玉‧閒適〉

舊酒沒，新醅潑。老瓦盆邊笑呵呵。共山僧野叟閒吟和。他出一對雞，我出一個鵝。閒快活。

講授各個作者之生平重要事蹟之後，再以下面各問題分配各組展開討論：

問題一：孟浩然、李白、關漢卿等人的時代不同，卻都出現「友情」作品，這表示什麼？友情如何建立？

問題二：在這些不同作者的友情作品中，分別塑造了什麼

樣的場面？這些場面在我們生活中可曾出現？

問題三：以上所舉的詩歌作品，包含五言律詩、七言絕
　　　　句、元曲小令，這些詩歌體裁各具什麼特色？和
　　　　散文有何區別？

問題四：詩歌作品都是押韻的，上述作品各押的是什麼
　　　　韻？哪些字是韻腳？

問題五：上述作品中，都是以「敘事」起頭，你能舉出一
　　　　首友情詩不是敘事開頭的嗎？

問題六：古典詩歌常有對句，上述詩歌作品中，哪些句子
　　　　是對句？

　　當各組學生有了大致的答案後，請各組指派一位學生代
表上台報告討論結果，教師再加以指正、補充。

　　上述「相同文類之統整」的教學，教師在選擇篇章、與
設計問題之時，其實已在進行學科內之統整工作，這不像傳
統那樣依照課本教材所安排的，按著一課一課的方式去教，
而是教師自己必須進行選擇、組織、歸納、設計的工作，其
間涉及研究精神之發揮，對教師本身的成長極有助益，同時
對學生培養宏觀的讀書視野與微觀的辨析能力，也一樣有幫
助。

㈡結合聲情表現之統整敎學

「結合聲情表現之統整敎學」主要是著眼於國語文「讀、聽、說」三個領域之統整。詩歌的聲情，指的就是用聲音來表現詩歌的內容情意，一般說來，有「讀、誦、吟、唱（歌）、弦、舞」這幾種具音樂性而層次不同的表現方式：

「讀」，有如說話一般，但比說話更講究聲音的抑揚頓挫，以及情感的美化、深化、清楚化，不過，不宜偏離自然。所謂「抑揚頓挫」，指聲音的高、低、小停頓、大休止。吾人日常說話確有情緒顯現，例如對事物稱奇或表達難以置信的語言情緒，和等人等得不耐煩的語言情緒當然不同；又如激動不已和悲傷難忍的語言情緒也大相逕庭。「讀」詩文時，宜將詩文之語言情緒刻畫出來，注意同一句子中也可以有抑揚頓挫的處理，而非呆板地只在不同句子裡考慮抑揚頓挫。哪一個詞之聲音要抑、或揚，全看讀文章者之體會，宜多所嘗試，以找出最合乎文章情韻之讀法。然而，語言情緒之刻畫決不能誇張到失去常人接受之範圍，否則，即不能算是成功的、好的讀法。

筆者以爲：「讀」是所有聲情藝術表現之根基，至爲重要，若輕易忽之，「誦」與「吟」、「唱」便不容易有優秀

表現。

「誦」，從「甬」字得聲。「甬」，「隆起」之意，因此「誦」之特色即把關鍵字詞或句子的聲音抬高、拉長。（但非每字、每句都抬高音或拉長音，因為聲音的長、短或高、低，都是相對之觀念，沒有短、低，便顯不出長、高。）「朗誦」一旦陷入「字字爭誦」（每字都拉長音、抬高音）或「句句爭誦」（每句拉長音、抬高音）的表達形式時，便形成「長音哀嚎」之淒慘狀，令人顫由心起，無法自然以對。「誦」若音長不顯，與「讀」相似；音長夠長且迴旋如歌，則與「吟」接近。故吾人時見「誦讀」或「吟誦」並稱。

「吟」，從「今」字得聲，嘴形開得不大，是一種沒有譜的、自我性很濃厚的哼哼唱唱，特徵在於「永言」（即長音），且具音樂性，只是沒有穩定的節拍，乃至腔調。「吟」有極大的空間可以發揮創意，只要順著文字聲調以發展音樂旋律，使字調和聲腔完全結合，不讓字調倒掉即可。（例如把「青春」哼成「請純」、「花已盡」哼成「華衣錦」等等就是倒字。）「吟」之方式，使用國語、閩南語、客家話、原住民語、廣東話、四川話……任何一種方言，都可以行得通。

「唱」，從「昌」得聲，嘴形張得很大，是有一定的腔

調、固定的節拍可供依循之表現方式。一般所謂之唱調，無
論是創制或經過整理，都有確定之聲腔旋律，均「有譜」可
供依循，因此，唱的人按譜行事，伴奏的人也照譜行腔，無
論節奏快慢、旋律高低，都有定規，所以許多人一起合唱也
不成問題。而且，因唱調是現成的，某些詩歌作品套用已有
的唱調來學習，不失爲一種方便、快速之學習方式。

　　「弦」，以絲竹管絃等樂器之音樂爲表現主體的一種聲
情藝術，重點在於塑造詩歌意境，渲染氛圍。其與「歌」之
不同，在於：「歌」詩時，器樂爲伴奏；「弦」詩時，歌聲
爲襯托，或者不是歌聲，而用「吟誦」，以凸出器樂聲美。

　　「舞」，融入肢體舞動的詩樂展現。「舞」詩通常有
歌、有樂，以顯示出「詩、樂、舞」一體之精神。若純粹之
舞曲，與詩之關係何在？令人較難理解。除非是標題性舞曲
（以題目將舞蹈性質明白標出），但也須器樂相成。

　　總之，「讀、誦、吟、唱（歌）」是詩歌聲情藝術表現
之基本方式，「弦、舞」則爲更豐富之複體表現，但無論是
哪一種方式，都必須以表現詩歌之文字情意爲最重要之依
歸，亦即，「聲情」是爲「文情」而服務的。此外，「讀」
或「誦」可夾用「吟」或「唱」以求方式之變化與聲情之活
潑；「吟」或「唱」時也可夾用「讀」或「誦」。不過，詩
歌大抵是以「吟、唱」加「誦」的方式居多，（劉熙載《藝

概‧詩概》有云：「賦不歌而誦，樂府歌而不誦，詩兼歌誦。」）一般文章則較單純地以「讀」為主，偶爾加入「誦、吟」以求表現。例如關漢卿元曲小令〈南呂四塊玉‧閒適〉：「舊酒沒，新醅潑，老瓦盆邊笑呵呵」，用「吟」的方式，接下來「共山僧野叟閒吟和，他出一對雞，我出一個鵝」用「誦讀」的方式，最後一句「閒快活」又恢復「吟」的方式便是。

以下，分別以兩首詩例，談聲情教學之結合。

例一，李白〈送孟浩然之廣陵〉：

故人西辭黃鶴樓，煙花三月下揚州，
孤帆遠影碧空盡，唯見長江天際流。

運用誦詩、吟詩、唱詩之錯綜變化，以及獨唱、合唱、輪唱、疊唱之交相運作，來帶動詩歌之聲情教學。尤其是「吟詩」，確實是一種極富創造性的藝術表現方式，（詳參筆者所著〈古典詩歌聲情藝術及其美學義涵〉一文，潘麗珠，民90）可以因為個人生活背景、師承關係、身體狀況、對作品之體會詮釋等因素之影響，而產生不同的吟詠聲腔，此聲腔極接近「隨心謠」。關於「吟詠」，其步驟如下：

1、細讀：仔細閱讀詩歌作品，確實理解其意旨，推敲

每個字與字之間、句子與句子之間的距離，還有每個字的聲音之長短、高低、輕重、強弱。

2、淺誦：試一試將每個字音拉長看看，聲音不要太高地朗誦一下。這個步驟主要在幫助吟誦者能夠順利過渡到下一個步驟，初學吟誦者不宜輕易忽略「淺誦」的功夫，但熟悉吟誦方式的人，則可以跳過。

3、字調轉樂調：將詩歌作品中的每一個字，用唱的方式「讀」出來，而不是像說話一樣唸出來。例如「李登輝」三個字用「2-5-5-」的音唱出來就是。又例如閩南語歌曲〈車站〉「火車已經到車站」或〈流浪到淡水〉「有緣，無緣，大家來作伙」，其歌唱之處理方式，實際就是依照字調轉成音樂調子唱出來的。

4、加泛聲：在詩句中語意可以停頓的地方，尤其是韻腳的所在，或者是個人別有體會的重要字詞處，加上修飾性的聲腔，這修飾性的聲腔可長可短、可高可低、可加可不加。（但如果整首詩都沒加任何修飾性的聲腔，全詩將單調呆板、韻味不佳。）例如馬致遠〈天淨沙‧秋思〉曲，第二句「小橋流水人家」的「水」字的尾腔，加上泛聲，就能塑造水波流動的效果。

5、調整音階：句子與句子或字詞與字詞之間，可以讓聲音升上去或降下來，就像李清照〈武陵春〉這首詞的第一句

「風住塵香花已盡」,「花」字的行腔往上揚的情形就是。調整音階的依據,來自於詩歌詞句中的空間訊息與情緒訊息,例如「床前明月光,疑是地上霜」,第二句應該比第一句低;又如「山映斜陽天接水」,「水」字的音階應該比「山」或「斜陽」低,這是依據空間訊息而調整;「甚矣吾衰矣」的「甚」字音階較高,以及「風住塵香花已盡」的「花」字就是依據情緒訊息而來。依此類推。

6、確定節奏:節奏往往是影響聲情表現適宜與否的重要關鍵。一首詩歌作品,它的情韻究竟屬於激昂慷慨,還是婉轉低迴,詩句間的快慢變化應該如何,都要靠細膩的節奏調整處理出來。就像李清照詞〈武陵春〉之「只恐雙溪舴艋舟」句,速度需逐漸放慢,一方面是慢慢接近尾聲,一方面也正是因為詞句意義上的關係所致。

依據上述方式,〈送孟浩然之廣陵〉的吟腔,筆者表現為:

65 35 6 35 56 165 6—
故 人 西 辭 黃 鶴 樓 ，

6 6 6 653 32 12 3—
煙 花 三 月 下 揚 州 ；

5 12 12 6 53 5 532
孤 帆 遠 影 碧 空 盡 ，

35 65 35 6 0i—65 6—
唯 見 長 江 天 際 流 。

而如果以「天籟調」唱〈送孟浩然之廣陵〉，則腔調爲：

6i6 353　6 6 0 ｜ 32 35 6-53 0 　｜ 2・53　32　356 ｜ 21　6　61-｜
故 人　西辭　黃 鶴 樓　　，煙 花 三 月　　下　揚 州。
3・2　3　5353 ｜ 1・6　16 ｜ 6353　6・1 ｜ 21　6　6116 ｜
孤 帆 遠 影　碧 空 盡，唯見　長 江 天際　流。

　　實際進行課堂教學時，可以先朗誦一遍，再吟詠一遍，然後運用輪唱、疊唱，套用天籟調的方式進行，或是融入樂器演奏、肢體舞動，則學生因多元智能之啓動，必然對詩歌本身及其音樂性有強烈之印象，不易忘懷。

　　例二，關漢卿〈南呂四塊玉・閒適〉：

舊酒没，新醅潑。老瓦盆邊笑呵呵。共山僧野叟閒吟
和。他出一對雞，我出一個鵝。閒快活。

以「讀、誦、吟」錯綜變化之聲情表現方式，進行關漢卿
〈南呂四塊玉・閒適〉的教學，可按照下列各步驟：

甲、推敲每一詩句最適當的表現方式。

(1)嚴密地推敲每一個詩句各種可能的讀法。一個句子並
非只有一種讀法，哪個詞語音要高、要低、要長、要短、要
停頓、要用「讀」或「吟唱」等等，都應仔細推敲其情韻之
不同。

(2)擇定最能展現詩句意義和美感的表現方式。

乙、處理詩稿，設計表現技巧。

(1)挑出關鍵詞、句，做為表現重點，思考何種技巧可彰
顯其重要性。

(2)設計表現方式，如獨誦、合誦、輪誦、疊誦、滾誦、
數板、獨唱、合唱等技巧的綜合變化或錯綜運用。

(3)留意全篇聲情流動的整體節奏感，高潮、過渡、對聽
眾的情緒引導等，都要考量。因此，若要加入襯樂，以此為
準。

丙、安排朗誦人員。

學生的音色不同，各有其特性。什麼樣的音色適合什麼

情味的詩句，某個詩句需要多少勁道、音量等，都需要安排適合聲情的朗誦人員。

丁、進行演練，適度修改。

演練之必要，修改聲情技巧之必要。但忌諱因表現不甚理想而抽換學生，因詩歌聲情活動應是快樂的事，不宜打擊學生的信心。可以加入其他學生以帶動其表現能力，使合乎要求。

戊、加入肢體動作。

結合多元智慧理論之「動能智慧」，加入肢體動作。但肢體動作要能幫聲情加分才好，不宜喧賓奪主。

己、整體活動之亮相及表現之講評。

任何活動，學生表現之後，都應有講評，以便鼓舞學生；使其明白優、缺點，以學習更好的聲情表現能力，進一步體會詩歌作品的音律、情韻。

結合聲情表現之統整教學，其目的在於讓學生能夠運用聽覺（音樂性）幫助記憶之強化，並充分理解詩歌之可歌性與散文有很大的不同。同時，學生及早接觸詩歌的韻律，更進一步了解詩歌，可以讓他們透過詩歌之美而陶冶性靈，變化氣質，達到「溫柔敦厚而不愚」的詩教境界。

㈢可能遭遇之問題及解決方法

國語文學科內相同文類或不同文類之統整，以「主題」方式構成，有可能遭遇一些問題，例如：

第一，什麼樣的主題較能引起學生的興趣，並切合社會脈動？

其次，符合相同主題的古典詩歌或其他作品甚多，如何挑選與抉擇？

再者，學生年級、學習程度與所選主題、作品是否恰切的問題。以此次「友情」主題爲例，所選作品，應都適合國中一年級之學生，甚至於小六學生亦可。

然後，課堂活動方式有無可能多富變化？問題之設計能否引起學生的討論興趣？

最後，學生所擅長之語文表現不盡相同，如何能夠客觀地考察出學生的優點，並激發其潛能？

上述諸問題之可能的解決方法：

第一，國語文學科內，還有許多主題，可供吾人加以選擇、統整，例如「愛情」、「鄉愁」、「花卉」、「山水」、「親情」、「飲酒」、「隱逸」、「送別」等等，都是有趣又有意義的，其中不乏學生極感興趣，又符合社會脈動者。教師在進行統整之初，可以預做調查，或就國語文科

教師集體討論，分配找資料、設計題目、擬定教學策略、繪製評量表等各項工作，如此既可發揮教師專長，也符合學生之需要。

第二，與主題相關之作品甚多，如何取捨端視作品之重要性、典型性與代表性為何，以及學生有何學習經驗與基礎而定。

第三，學生之程度並不齊一，所選之主題與篇章可大抵以年級為判準依據，換言之，教師於構思主題之際，須注意學生已有之學習經驗與基礎，並注意篇章次序安排，能夠合乎學生之心理發展。若遇難度稍高之作品，宜特別留意教學策略。

第四，此問題關乎教師的自覺性是否足夠，教師須隨時觀察學生之反應，必要時得調整活動方式。對學生之討論意見宜多給予肯定、鼓勵，或適時給予引導，提供協助。

㈣教學評量之設計

英國學者伯恩斯坦（B.Bernstein）將課程分成「聚集型」和「統整型」兩類；在愈民主開放的社會中，知識的結構愈有統整的傾向。兩者之差異如下表所示：（B.Bernstein，1990）

層　面	聚　集　型	統　整　型
課程內容	分化、獨立的學科	討論式活動
教學的組織	嚴守課業規定	彈性課表
學生分組	同質性的	異質性的
學生的選擇	限定的	自由的
評鑑	單一型式	多樣化
對學生的控制	階層中的角色	人際關係
教師角色	獨立自主	相互依賴

也就是說，統整型之評量宜採「多元化」之考察方式，不應單一
地以傳統之筆試方式為之。此次「友情」主題的教學評量設計，
㈠部分可以從討論是否熱烈、發表是否踴躍、說話內容是否切題
有見地、口語表達之語音是否明晰、表達層次是否井然、能否注
意傾聽、能否針對他人意見給予批評、是否積極做筆記等各方
面，評量學生之表現；至於㈡部分，則可以多注意學生之聲情表
現是否掌握要領、朗誦或吟唱時是否與大家共同配合、學習過程
是否表現出熱情、聲情的詮釋力或創造力如何等方面，加以評
量，注意學生之進步情形、創意情形。

　　總之，從學生的「聽、說、讀」等角度，做多元之觀察，使
學生確實明白自己之優點，鼓勵其多加發揮、深入，朝培養專業
能力之路邁進，如此自可激發學生的潛能。而針對上述理念，可

能的話，教師不妨設計一本學習評量冊或一張詳細的學習評量
單，俾能客觀而公正地評量學生之學習狀況。

四、結語

「九年一貫」學制標榜的「課程統整」，就國語文學科
內之統整而言，有許多做法，可以是主題式的多元教學方式
（如本文所述），也可以是「聽、說、讀、寫、作」各領域
統整之教學方式，或者可以是「輻射式」的統整教學（以事
件為中心的文化討論）等，變化運用，存乎一心。不少教師
在舊學制時期，即已在進行統整教學，只是未必明白此之謂
「統整教學」。而研究者撰寫論文的成形過程，實亦統整之
過程。現今有許多管道提供教師進修、研究，教師若能時將
自己放置在研究的狀態中，必能對學科內之統整意義掌握得
更清楚，教學更有心得、更有信心。

本文重要參考書目

九年一貫課程革新論文集　高強華主編　國立臺灣師範大學印行
　　2000年
國民中小學九年一貫課程基本能力實踐策略　楊思偉等　教育部
　　委託臺灣師範大學教育研究中心　1999年
邁向課程新紀元──九年一貫課程研討會論文集（上、下）　中

華民國教材研究發展學會1999年

九年一貫語文統整教學研討會論文集　臺北市立師範學院語文教

育學系・實習輔導處編印2001年　5月

古典詩歌聲情藝術及其美學義涵　潘麗珠　國立臺灣師範大學國

文學報　2001年　6月

The Structuring of Pedagogic Discourse. B.Bernstein 著

（1990）N.Y.：SUNY

九年一貫國語文學科內之統整教學實踐
以「愛情」主題爲例

一、前言

本文以「愛情」主題爲例，呈現國語文學科內，相同文類與不同文類的統整情形、結合聲情教學與寫作教學的統整情形、分別可能遭遇之問題及解決方法，以及相應於課程統整而來的評量設計等。

二、國語文「愛情」主題的統整實踐

由教育部委託臺灣師大教育研究中心之《國民中小學九年一貫課程基本能力實踐策略》的研究報告中說：「九年一貫課程改革認爲跨世紀的國民教育應該培養具備人本情懷、統整能力、民主素養、鄉土與國際意識、以及能進行終身學習之健全國民。」（楊思偉，民88）

「人本情懷」是一種以人爲本的終極關懷，例如惻隱之心、辭讓之心、同理心等等；「統整能力」是一種宏觀視野

與微觀思辨的整合能力;「民主素養」意在養成自尊、尊人,廣納不同意見的包容力;「鄉土與國際意識」則是立足本土、放眼世界的態度與氣魄;同時要不間斷地追求新知、培養能力,以落實終身學習的意義。就國語文課程而言,如何在課程教學設計之中,將上述理念考量含括進去,是吾人可以積極構思處。以「愛情」主題之統整教學為例,其終極關懷當然是人生存於天地之間,都有愛、與被愛的需求,以及愛情所能發揮的巨大力量;而當吾人考量相同時代、不同作家或不同時代、相同主題之作品,研究其間之同、異等相關問題時,即是「統整能力」之發揮;愛情主題的作品,本就是著眼於對「愛情」的渴望或種種心緒,若果討論的觸角伸及國外作家之表現,則帶有國際意識;當吾人能夠擁有正確的愛情觀時,自然能自我尊重,也能尊重他人,這也具有涵育「民主素養」的意義。

此外,教學過程中,藉由教師授課的模式與引導,學生得以耳濡目染,慢慢培養出一己之統整能力,進而發揮個性與創造力,肯定是可以期待的事。以下,試從幾個方面來談國語文「愛情」主題之統整教學。

(一)相同文類之統整教學

現代文學可概分為「詩歌」、「散文」、「小說」與

「戲劇」四大類。在同一類別之中，將不同時代之作品，或相同時代不同作家之作品，或同一作家之不同作品，取其主題相同或藝術手法相似，或有各種同質性者，併而論之，這便是一種「相同文類之統整」。進一步說，「統整」係就不同篇章淬取其題材同質性，手法承襲性，或發展淵源性等，同時，還須觀照作品之間的差異性與特殊性。換言之，統整者必須具有宏觀的視野與微觀的細膩，或者說，「統整」之做法，乃是訓練統整者朝向宏觀視野與微觀細膩之能力養成。以下新詩，係筆者所選與「愛情」有關的幾個例子：

　　一：向明〈黃昏的心事〉
　　我是地平線上一棵孤獨的樹
　　錯過了色彩繽紛的花季
　　你偶然走進水墨濡染的黃昏
　　來樹下躲避風雨
　　信手刻下你芬芳的名字

　　渴望黃昏害怕黃昏偏又黃昏
　　每個黃昏我翹望那幽幽小徑
　　再也聽不見親切的足音
　　忍痛將你的名字從心上剜去

誰知創痕卻越剜越深……

二：瘂弦〈秋歌——給暖暖〉

落葉完成了最後的顫抖

荻花在湖沼的藍晴裡消失

七月的砧聲遠了

暖暖

雁子們也不在遼夐的秋空

寫牠們美麗的十四行了

暖暖

馬蹄留下踏殘的落花

在南國小小的山徑

歌人留下破碎的琴韻

在北方幽幽的寺院

秋天，秋天什麼也沒留下

只留下一個暖暖

只留下一個暖暖

一切便都留下了

　　三：林泠〈阡陌〉

你是橫的，我是縱的

你我平分了天體的四個方位

我們從來的地方來，打這兒經過

相遇。我們畢竟相遇

在這兒，四周是注滿了水的田壘

有一隻鷺鷥停落，悄悄小立

而我們寧靜地寒暄，道著再見

以沉默相約，攀過那遠遠的兩個山頭遙望

（——一片純白的羽毛落下來）

當一片羽毛落下，啊，那時

我們都希望——假如幸福也像一隻白鳥——

它曾悄悄下落。是的，我們希望

縱然牠們是長著翅膀……

講授各個作者之生平重要事蹟之後，再以下面各問題分

配各組展開討論：

問題一：向明、瘂弦、林泠雖都是現代詩人，卻年齡不同、性別不一，作品都出現「愛情」作品，這表示什麼？什麼樣的愛情觀才是健康的？

問題二：在這些不同詩人的愛情作品中，有什麼經常出現的物象？這些物象為什麼會經常出現？它們是否具有典型象徵意義？

問題三：以上所舉的詩歌作品，都是現代詩，這種詩歌體裁具有什麼特色？

問題四：如果要加以「仿寫」，你會選擇上述作品中的哪一首？為什麼？

問題五：現代詩和古典詩有什麼不同？盡量說出你所知道的情形。

　　當各組學生有了大致的答案後，請各組指派一位學生代表上台報告討論結果，教師再加以指正、補充。

　　此一小節「相同文類之統整」的教學，教師在選擇篇章、與設計問題之時，其實已在進行學科內之統整工作，這不像傳統那樣依照課本教材所安排的，按部就班去教，而是教師自己必須進行選擇、組織、歸納、設計的工作，其間涉及研究精神之發揮，對教師本身的成長極有助益，同時對學

生培養宏觀的讀書視野與微觀的辨析能力，也一樣有幫助。

㈡不同文類之統整教學

　　將不同文類如散文與詩歌並置論之，讓學生明瞭其間之差異性，以及古典與現代的不同處，是本次「愛情」主題「不同文類之統整教學」的目的。將以下各篇作品影印給學生：

　　　　六朝・無名氏〈子夜歌〉
　　落日出前門，瞻矚見子度，
　　冶容多姿鬢，芳香已盈路。
　　芳是香所爲，冶容不敢當，
　　天不奪人願，但使儂見郎。

　　　　宋代・李清照〈武陵春〉
　　風住塵香花已盡，日晚倦梳頭。物是人非事事休，欲語淚先流。
　　聞說雙溪春尚好，也擬泛輕舟。只恐雙溪舴艋舟，載不動，許多愁。

　　　　元代・貫雲石〈清江引〉

若還與他相見時，道個真傳示。不是不修書，不是無才識，遠清江買不得天樣紙。

現當代·潘麗珠〈不渝的情愛〉

傳說，化做人形的白蛇被鎮在西湖的雷峯塔下，夜以繼日，日以繼夜地期待著考中狀元的兒子來祭拜她。她的心可悔嗎？悔恨那段貪戀情愛的邂逅！在浪漫的等待裡。

平劇裡的白蛇是不悔的。當她的兒子前來祭塔時，她娓娓敍說前緣，縱有淚痕，那淚，卻凝成顆顆晶瑩璀璨的珠玉，為她至死不渝的情愛熠熠成證。

紅樓夢裡，那身出淤泥，卻毫不隨染的尤三姐，滿心傾慕於書劍飄零、遊走四方的柳郎；她的情愛是至烈完純無容置疑的。她羞人答答地懷想：當他接納她時，他再也不愁高山流水知音少她也不必再對月臨風嘆影單；她要為他齊眉舉案，他可以為她巧畫張敞眉彎。

然而，三姐的一腔碧血卻熱灑在柳家世傳的鴛鴦劍上，濺得湘蓮的清淚閃閃發光。三姐為她的情愛捐軀，芳魂不悔，悔的是輕信流言的柳郎。

長生殿中，明皇對貴妃的情愛信誓旦旦：在天為

鳥願比翼，在地成枝願連理。他對她，傾其所有，絕
少悔惜；縱使她善妒，他仍戀戀難捨。

　　豈知胡反國變，馬嵬坡前，六軍不發，他力不能
救，只得揚袂掩淚，哭愛卿在皎皎白綾下斷送殘生。
等他成爲太上皇帝，那時日積月累的椎心思念，便驅
策著他延來道士，作法一晤轉爲仙子的太真，企圖爲
他永生的眷戀，續下美麗無憾的句點。

　　　問世間情是何物？直教人生死相許。許多人衣帶
漸寬爲伊憔悴終不悔，爲的就是守候一段生死不渝的
情愛。至死不渝的情愛有如珍寶，互古光芒不減……

　　現當代・席慕蓉〈一棵開花的樹〉
如何讓你遇見我
在我最美麗的時刻　爲這
我已在佛前　求了五百年
求祂讓我們結一段塵緣

佛於是把我化做一棵樹
長在你必經的路旁
陽光下慎重地開滿了花
朵朵都是我前世的盼望

當你走近　請你細聽

那顫抖的葉是我等待的熱情

而當你終於無視地走過

在你身後落了一地的

朋友啊　那不是花瓣

是我凋零的心

　　同樣在講授各個作者之生平或重要事蹟之後，展開以下問題之分組討論：

問題一：上述幾篇作品分別是古詩、宋詞、元曲、現代散文、現代詩，文體形式上有何不同的特點？

問題二：各篇作品中，作者用以表現「愛情」的景或物分別是什麼？

問題三：古典詩歌和現代詩文在遣詞用字及文句構成上，有什麼區別？

問題四：〈武陵春〉是長短句，〈一棵開花的樹〉也是不規則的長短句式，二者有何不同？

問題五：以上述詩文為例，你認為男作家和女作家，在寫作的表現上有何不同？

　　當各組學生充分討論後，請教師指派各組一位學生代表

上台報告討論結果,

教師再加以指正、補充。

就前一小節㈠「相同文類之統整」與此小節㈡「不同文類之統整」的教學,教師在選擇篇章、與設計問題之時,其實已在進行學科內之統整工作,這不像傳統那樣依照課本教材所安排的,按部就班去教,而是教師自己必須進行選擇、組織、歸納、設計的工作,其間涉及研究精神之發揮,對教師本身的成長極有助益,同時對學生培養宏觀的讀書視野與微觀的辨析能力,也一樣有幫助。

㈢結合聲情表現之統整教學

「結合聲情表現之統整教學」主要是著眼於國語文「讀、聽、說」三個領域之統整。詩文的聲情,指的就是用聲音來表現詩歌或文章的情意,一般說來,有「讀、誦、吟、唱(歌)、弦、舞」這幾種具音樂性而層次不同的表現方式:

「讀」,有如說話一般,但比說話更講究聲音的抑揚頓挫,以及情感的美化、深化、清楚化,不過,不宜偏離自然。所謂「抑揚頓挫」,指聲音的高、低、小停頓、大休止。吾人日常說話確有情緒顯現,例如對事物稱奇或表達難以置信的語言情緒,和等人等得不耐煩的語言情緒當然不

同；又如激動不已和悲傷難忍的語言情緒也大相逕庭。「讀」詩文時，宜將詩文之語言情緒刻畫出來，注意同一句子中也可以有抑揚頓挫的處理，而非呆板地只在不同句子裡考慮抑揚頓挫。哪一個詞之聲音要抑、或揚，全看讀文章者之體會，宜多所嘗試，以找出最合乎文章情韻之讀法。然而，語言情緒之刻畫決不能誇張到失去常人接受之範圍，否則，即不能算是成功的、好的讀法。

筆者以為：「讀」是所有聲情藝術表現之根基，至為重要，若輕易忽之，「誦」與「吟」、「唱」便不容易有優秀表現。

「誦」，從「甬」字得聲。「甬」，「隆起」之意，因此「誦」之特色即把關鍵字詞或句子的聲音抬高、拉長。（但非每字、每句都抬高音或拉長音，因為聲音的長、短或高、低，都是相對之觀念，沒有短、低，便顯不出長、高。）「朗誦」一旦陷入「字字爭誦」（每字都拉長音、抬高音）或「句句爭誦」（每句拉長音、抬高音）的表達形式時，便形成「長音哀嚎」之淒慘狀，令人顫由心起，無法自然以對。「誦」若音長不顯，與「讀」相似；音長夠長且迴旋如歌，則與「吟」接近。故吾人時見「誦讀」或「吟誦」並稱。

「吟」，從「今」字得聲，嘴形開得不大，是一種沒有

譜的、自我性很濃厚的哼哼唱唱，特徵在於「永言」（即長音），且具音樂性，只是沒有穩定的節拍，乃至腔調。「吟」有極大的空間可以發揮創意，只要順著文字聲調以發展音樂旋律，使字調和聲腔完全結合，不讓字調倒掉即可。（例如把「靑春」哼成「請純」、「花已盡」哼成「華衣錦」等等就是倒字。）「吟」之方式，使用國語、閩南語、客家話、原住民語、廣東話、四川話……任何一種方言，都可以行得通。

　　「唱」，從「昌」得聲，嘴形張得很大，是有一定的腔調、固定的節拍可供依循之表現方式。一般所謂之唱調，無論是創制或經過整理，都有確定之聲腔旋律，均「有譜」可供依循，因此，唱的人按譜行事，伴奏的人也照譜行腔，無論節奏快慢、旋律高低，都有定規，所以許多人一起合唱也不成問題。而且，因唱調是現成的，某些詩歌作品套用已有的唱調來學習，不失爲一種方便、快速之學習方式。

　　「弦」，以絲竹管絃等樂器之音樂爲表現主體的一種聲情藝術，重點在於塑造詩歌意境，渲染氛圍。其與「歌」之不同，在於：「歌」詩時，器樂爲伴奏；「弦」詩時，歌聲爲襯托，或者不是歌聲，而用「吟誦」，以凸出器樂聲美。

　　「舞」，融入肢體舞動的詩樂展現。「舞」詩通常有歌、有樂，以顯示出「詩、樂、舞」一體之精神。若純粹之

舞曲，與詩之關係何在？令人較難理解。除非是標題性舞曲（以題目將舞蹈性質明白標出），但也須器樂相成。

　　總之，「讀、誦、吟、唱（歌）」是詩歌聲情藝術表現之基本方式，「弦、舞」則爲更豐富之複體表現，但無論是哪一種方式，都必須以表現詩歌之文字情意爲最重要之依歸，亦即，「聲情」是爲「文情」而服務的。此外，「讀」或「誦」可夾用「吟」或「唱」以求方式之變化與聲情之活潑；「吟」或「唱」時也可夾用「讀」或「誦」。不過，詩歌大抵是以「吟、唱」加「誦」的方式居多，（劉熙載《藝概・詩概》有云：「賦不歌而誦，樂府歌而不誦，詩兼歌誦。」）一般文章則較單純地以「讀」爲主，偶爾加入「誦、吟」以求表現。

　　以下，分別以古典和現代詩各一例，談聲情教學之結合。

　　例一，李商隱〈夜雨寄北〉：

　　　　君問歸期未有期，巴山夜雨漲秋池；
　　　　何當共翦西窗燭，卻話巴山夜雨時。

　　運用誦詩、吟詩、唱詩之錯綜變化，以及獨唱、合唱、輪唱、疊唱之交相運作，來帶動詩歌之聲情教學。尤其是

「吟詩」，確實是一種極富創造性的藝術表現方式，（詳參筆者所著〈古典詩歌聲情藝術及其美學義涵〉一文，潘麗珠，民90）可以因為個人生活背景、師承關係、身體狀況、對作品之體會詮釋等因素之影響，而產生不同的吟詠聲腔，此聲腔極接近「隨心謠」。關於「吟詠」，其步驟如下：

[1、細讀]：仔細閱讀詩歌作品，確實理解其意旨，推敲每個字與字之間、句子與句子之間的距離，還有每個字的聲音之長短、高低、輕重、強弱。

[2、淺誦]：試一試將每個字音拉長看看，聲音不要太高地朗誦一下。這個步驟主要在幫助吟誦者能夠順利過渡到下一個步驟，初學吟誦者不宜輕易忽略「淺誦」的功夫，但熟悉吟誦方式的人，則可以跳過。

[3、字調轉樂調]：將詩歌作品中的每一個字，用唱的方式「讀」出來，而不是像說話一樣唸出來。例如「李登輝」三個字用「2-5-5-」的音唱出來就是。又例如閩南語歌曲〈車站〉「火車已經到車站」或〈流浪到淡水〉「有緣，無緣，大家來作伙」，其歌唱之處理方式，實際就是依照字調轉成音樂調子唱出來的。

[4、加泛聲]：在詩句中語意可以停頓的地方，尤其是韻腳的所在，或者是個人別有體會的重要字詞處，加上修飾性的聲腔，這修飾性的聲腔可長可短、可高可低、可加可不

加。（但如果整首詩都沒加任何修飾性的聲腔，全詩將單調呆板、韻味不佳。）例如馬致遠〈天淨沙·秋思〉曲，第二句「小橋流水人家」的「水」字的尾腔，加上泛聲，就能塑造水波流動的效果。

5、調整音階：句子與句子或字詞與字詞之間，可以讓聲音升上去或降下來，就像李清照〈武陵春〉這首詞的第一句「風住塵香花已盡」，「花」字的行腔往上揚的情形就是。調整音階的依據，來自於詩歌詞句中的空間訊息與情緒訊息，例如「床前明月光，疑是地上霜」，第二句應該比第一句低；又如「山映斜陽天接水」，「水」字的音階應該比「山」或「斜陽」低，這是依據空間訊息而調整；「甚矣吾衰矣」的「甚」字音階較高，以及「風住塵香花已盡」的「花」字就是依據情緒訊息而來。依此類推。

6、確定節奏：節奏往往是影響聲情表現適宜與否的重要關鍵。一首詩歌作品，它的情韻究竟屬於激昂慷慨，還是婉轉低迴，詩句間的快慢變化應該如何，都要靠細膩的節奏調整處理出來。就像李清照詞〈武陵春〉之「只恐雙溪舴艋舟」句，速度需逐漸放慢，一方面是慢慢接近尾聲，一方面也正是因為詞句意義上的關係所致。

依據上述方式，〈夜雨寄北〉的吟腔，筆者表現為：

6　65　6　353　65　3　35　，
君　問　歸　期　未　有　期　，

5　5　531　12　1　3　23　；
巴　山　夜　雨　漲　秋　池　；

56　i　i6　3　6　6　35　53　，
何　當　共　剪　西　窗　燭

53　53　5　5　32　66　61　—
卻　話　巴　山　夜　雨　時

而如果以「天籟調」唱〈夜雨寄北〉，則腔調爲：

6i6 353　6 6 0 | 32 35 6-53 0　| 2．53　32　356 | 21　6　61- |
君 問 歸期　未 有 期　　，巴 山 夜 雨　漲 秋 池。
3．2 3　5353 | 1．6　16 | 6 353　6．1 | 21　6　6116 |
何 當 共 翦　西 窗 燭，卻話 巴 山 夜 雨 時。

　　實際進行課堂教學時，可以先朗誦一遍，再吟詠一遍，然後運用輪唱、疊唱，套用天籟調的方式進行，或是融入樂器演奏、肢體舞動，則學生因多元智能之啓動，必然對詩歌本身及其音樂性有強烈之印象，不易忘懷。
　　例二，鄭愁予〈錯誤〉：

　　　　　我打江南走過

　　　　　那等在季節裡的容顏如蓮花的開落

　　　　東風不來，三月的柳絮不飛

　　　　你底心如小小的寂寞的城

　　　　恰若青石的街道向晚

　　　　跫音不響，三月的春帷不揭

　　　　你底心是小小的窗扉緊掩

　　　　我達達的馬蹄是美麗的錯誤

　　　　我不是歸人，是個過客……

以現代詩團體朗誦之方式，進行鄭愁予〈錯誤〉的教學，可按
照下列各步驟：

　　甲、推敲最適當的獨誦方式。

　　⑴嚴密地推敲每一個詩句各種可能的讀法。一個句子並
非只有一種讀法，哪個詞語音要高、要低、要長、要短、要
停頓、要用氣音或厲音等等，都應仔細推敲其情韻之不同。

　　⑵擇定最能展現詩句意義和美感的朗誦方式。

　　乙、處理詩稿，設計表現技巧。

　　⑴挑出關鍵詞、句，做為表現重點，思考何種技巧可彰

顯其重要性。

(2)設計表現方式，如獨誦、合誦、輪誦、疊誦、滾誦等技巧的綜合變化或錯綜運用。

(3)如有必要，可以適度地加入吟詠、歌唱或饒舌節奏，或是對白、廣播詞語等。但不宜造成詩段落的切割，而是幫助渲染詩的情韻及氣氛。

(4)留意全篇聲情流動的整體節奏感，高潮、過渡、對聽眾的情緒引導等，都要考量。因此，襯樂的添加可以此為準。

丙、安排朗誦人員。

學生的音色不同，各有其特性。什麼樣的音色適合什麼情味的詩句，某個詩句需要多少勁道、音量等，都需要安排適合聲情的朗誦人員。

丁、進行演練，適度修改。

演練之必要，修改聲情技巧之必要。但忌諱因表現不甚理想而抽換學生，因朗誦活動應是快樂的事，不宜打擊學生的信心。可以加入其他學生以帶動其表現能力，使合乎要求。

戊、加入音效和肢體動作。

器樂的效果比錄音帶音樂好，因可適時加入、適時而止，幫襯做用較佳。加入音樂是為了帶動或塑造美好氣氛，

因此，如使用錄音帶要注意音量不可干擾朗誦。肢體動作要能幫聲情加分才好。（若是課堂上的教學，則不一定要加入音效。）

　　己、整體活動之亮相及表現之講評。

　　任何活動，無論是教室內的團體朗誦或舞台的比賽，都應有講評，以便鼓舞學生；使其明白優、缺點，以學習更好的朗誦能力，進一步體會詩歌作品的音律、情韻。

　　結合聲情表現之統整教學，其目的在於讓學生能夠運用聽覺（音樂性）幫助記憶之強化，並充分理解詩歌之可歌性與散文有很大的不同。同時，學生及早接觸詩歌的韻律，更進一步了解詩歌，可以讓他們透過詩歌之美而陶冶性靈，變化氣質，達到「溫柔敦厚而不愚」的詩教境界。

㈣結合寫作訓練之統整教學

　　「結合寫作訓練之統整教學」是著眼於國語文「讀、寫、作」領域之統整。過去的作文課，經常是命題作文之形式，教師公布一個題目之後，即令學生自行去寫。作文課，其實只是寫一篇作文的課，從來都不是教師訓練學生寫作的時間。然而，文藝青年的培養須趁早，趁詩樣的年華多揮灑彩筆，以詩文圓夢，否則學生日後極有可能與文學越行越

遠，甚至成為慘綠中年，生活越來越不快樂，越來越無法尋求安頓之良方。而寫作具有「療傷止痛」之功能，研究報告所見多有。這雖然不是國語文學科內「結合寫作訓練之統整」的初始目的，卻不能不說是極重要之附加目的。

教導學生以「愛情」為題材之寫作訓練，或許可以從李商隱〈夜雨寄北〉的「改寫」出發，提醒學生注意詩中的「時間關係、人物關係、事件關係」，以及改寫可以添枝加葉的特徵，讓學生將之改寫成一篇現代散文或現代詩。

或者採用接寫的方式，讓學生從席慕蓉〈一棵開花的樹〉第二小節「佛於是把我化做」後面，接下去寫。完成後再將成品與原詩相比較，討論其間優劣得失，讓學生或因而更了解原作之好，或因而產生寫詩之信心，未嘗不是一種值得嘗試的方式。

欲結合寫作訓練以做為統整之教學，教師必先強化自身之寫作知識及技巧鍛鍊，這對教師而言，也是吸取新知、不斷學習之落實。

三、可能遭遇之問題及解決方法

國語文學科內相同文類或不同文類之統整，以「主題」方式構成，有可能遭遇一些問題，例如：什麼樣的主題較能引起學生興趣，並切合社會脈動？

其次，符合相同主題的古典詩歌或其他作品甚多，如何挑選與抉擇？

再者，學生年級、學習程度與所選主題、作品是否恰切的問題。以此次「愛情」主題爲例，林泠〈阡陌〉對中學生而言，屬難度稍高之作品，更遑論小學生了。

然後，課堂活動方式有無可能富變化？問題設計能否引起學生討論之興趣？

最後，學生所擅長之語文表現不盡相同，如何能夠客觀地考察出學生的優點，並激發其潛能？

上述諸問題之可能的解決方法：

第一，國語文學科內，還有許多主題，可供吾人加以選擇、統整，例如「鄉愁」、「友誼」、「花卉」、「山水」、「親情」、「飲酒」、「隱逸」、「送別」等等，都是有趣又有意義的，其中不乏學生極感興趣，又符合社會脈動者。教師在進行統整之初，可以預做調查，或就國語文科教師集體討論，分配找資料、設計題目、擬定教學策略、繪製評量表等各項工作，如此既可發揮教師專長，也符合學生之需要。

第二，與主題相關之作品甚多，如何取捨端視作品之重要性、典型性與代表性爲何，以及學生有何學習經驗與基礎而定。

　　第三，學生之程度並不齊一，所選之主題與篇章可大抵以年級為判準依據，換言之，教師於構思主題之際，須注意學生已有之學習經驗與基礎，並注意篇章次序安排，能夠合乎學生之心理發展。若遇難度稍高之作品，宜特別留意教學策略，教學語言與教學方法都應該調整。

　　第四，此問題關乎教師的自覺性是否足夠，教師須隨時觀察學生之反應，必要時得調整活動方式。對學生之討論意見宜多給予肯定、鼓勵，或適時給予引導，提供協助。

　　最後，事關國語文之教學評量問題。英國學者伯恩斯坦（B.Bernstein）將課程分成「聚集型」和「統整型」兩類；在愈民主開放的社會中，知識的結構愈有統整的傾向。兩者之差異請參見〈以「友情」主題為例〉的三之㈣。據此而言，統整型之評量宜採「多元化」之考察方式，不應單一地以傳統之筆試方式為之。此次「愛情」主題的教學評量設計，㈠和㈡部分可以從討論是否熱烈、發表是否踴躍、說話內容是否切題有見地、口語表達之語音是否明晰、表達層次是否井然、能否注意傾聽、能否針對他人意見給予批評、是否積極做筆記等各方面，評量學生之表現；至於㈢部分，則可以多注意學生之聲情表現是否掌握要領、朗誦或吟唱時是否與大家共同配合、學習過程是否表現出熱情、聲情的詮釋力或創造力如何等方面，加以評量；而㈣部分，宜多關心在

不同寫作方法之要求上，注意學生之進步情形、創意情形。
總之，從學生的「聽、說、讀、寫、做」等角度，做多元之
觀察，使學生確實明白自己之優點，鼓勵其多加發揮、深
入，朝培養專業能力之路邁進，如此自可激發學生的潛能。

四、結語

　　「九年一貫」學制標榜的「課程統整」，就國語文學科
內之統整而言，有許多做法，可以是主題式的多元教學方式
（如本文所述），也可以是「聽、說、讀、寫、作」各領域
統整之教學方式，或者可以是「輻射式」的統整教學（以事
件為中心的文化討論，容另文發表）等，變化運用，存乎一
心。不少教師在舊學制時期，即已在進行統整教學，只是未
必明白此之謂「統整教學」。而研究生撰寫論文的成形過
程，實亦統整之過程。現今有許多管道提供教師進修、研
究，教師若能時將自己放置在研究的狀態中，必能對學科內
之統整意義掌握得更清楚，教學更有心得、更有信心。

重要參考書目

九年一貫課程革新論文集　高強華主編　國立臺灣師範大學印行
　2000年
國民中小學九年一貫課程基本能力實踐策略　楊思偉等　教育部

委託臺灣師範大學教育研究中心　1999年

邁向課程新紀元——九年一貫課程研討會論文集（上、下）　中
　華民國教材研究發展學會　1999年

九年一貫語文統整教學學研討會論文集　臺北市立師範學院語文
　教育學系・實習輔導處編印　2001年　5月

古典詩歌聲情藝術及其美學義涵　潘麗珠　國立臺灣師範大學國
　文學報2001年　6月

The Structuring of Pedagogic Discourse. B.Bernstein 著
　（1990）N.Y.：SUNY

九年一貫國語文學科與音樂、
美術、體育學科之統整設計
以關漢卿〈南呂四塊玉・閒適〉爲例

一、前言

　　由於「九年一貫」學制對國語文教育具正面思維，可以
推動教師之積極進修與不間斷之自我充實，同時，可以落實
多元化的評量方式，以發現學生的優質所在，及早確定學生
的興趣與適合發展的方向，換言之，「九年一貫」學制對教
師的終身學習、專長發揮，以及對學生的多元化考察、潛能
開發，皆具正面意義。（潘麗珠，2001：A）因此，國語文
教師除了就學科內進行統整之外，與其他學科的統整也應該
積極嘗試，尤其是詩歌文學非常適合與音樂、繪畫或體育結
合、統整，原因在於詩、樂、畫、舞在藝術上具有微妙的關
聯。本文試就元代曲家關漢卿〈南呂四塊玉・閒適〉的作品爲
例，論述國語文和音樂、美術、體育等學科統整的設計情
形，並分述其可能遭遇之問題及解決方法，以及相應於課程
統整而來的評量設計等。

二、國語文古典詩歌與「音樂」學科的統整設計

　　詩歌，詩歌，古典詩本就是可以歌唱的，而歌唱亦屬於音樂的範疇。因此，結合詩歌與音樂進行統整教學，十分合適。早在魏晉時代以前，即有將詩歌作品「誦之，歌之，弦之，舞之」的紀錄，而「誦、歌、弦、舞」都和音樂有密切關係。（潘麗珠，2001：B）以下，舉元人關漢卿小令〈南呂四塊玉‧閒適〉來具體說明結合音樂學科的統整設計：

　　　　舊酒没，新醅潑。老瓦盆邊笑呵呵。共山僧野叟閒吟和。他出一對雞，我出一個鵝。閒快活。

(一)朗誦與合唱

　　先以「朗誦」方式讓學生進行輪誦、疊誦、合誦等，然後在押韻處「没、潑、呵、和、鵝、活」字加上拍手動作，強化韻腳觀念。再套用「宜蘭酒令調」，合唱、輪唱、疊唱、襯唱。其腔調旋律如下：

$$| \underline{1\ 1}\ \underline{1\ \dot{5}} | 5\quad -\ | \underline{6\ 5}\ \underline{5\ 3} | 2\quad -\ |$$

舊　酒　沒，　　新　醅　潑；

共山僧野叟　　閒　吟　和。

$$| \underline{5\ \underline{2\ 3}}\ \underline{5\ 0} | \underline{2\ 3}\ \underline{2\ 1} | \underline{6\ 1}\ \underline{\underline{2\ 1\ \dot{6}}} | 5\quad -\ \|$$

老　瓦　盆邊，　笑　呵　呵。

他出　雞戎出鵝，　閒　快　活。

　　學生唱時，音樂老師可以用風琴或鋼琴伴奏，還可以指定某學生在韻腳處打三角鐵或響板。如果學生中有擅長樂器者，也可以請他們助陣。

(二)帶動唱活動

　　請體育學科教師依據詩意，幫忙設計肢體動作，或是融入手語動作亦可，在(一)活動之後，進行合唱加肢體動作。如此一來，既可以發揮「多元智能」理論中的「動能」效果，又可以幫助學生強化記憶，並且，課堂教學也顯得更為活潑生動。

　　接下來，將學生加以分組，請各組自行設計肢體動作，每組限定數分鐘的表演時間。給他們一段討論與演練的時間之後驗收，由大家一起評分，輪流講評或發表感想。

(三)吟詩與作曲

　　古典詩歌吟詠是可以見出教師與學生的創造力的。尤其一旦吟詠成爲定調，即與作曲無異。其步驟爲：

　　1、細讀：仔細閱讀詩歌作品，確實理解其意旨，推敲每個字與字之間、句子與句子之間的距離，還有每個字的聲音之長短、高低、輕重、強弱。

　　2、淺誦：試一試將每個字音拉長看看，聲音不要太高地朗誦一下。這個步驟主要在幫助吟誦者能夠順利過渡到下一個步驟，初學吟誦者不宜輕易忽略「淺誦」的功夫，但熟悉吟誦方式的人，則可以跳過。

　　3、字調轉樂調：將詩歌作品中的每一個字，用唱的方式「讀」出來，而不是像說話一樣唸出來。例如「李登輝」三個字用「2-5-5-」的音唱出來就是。又例如閩南語歌曲〈車站〉「火車已經到車站」或〈流浪到淡水〉「有緣，無緣，大家來作伙」，其歌唱之處理方式，實際就是依照字調轉成音樂調子唱出來的，所以也可稱之爲「腔隨字轉」。

　　4、加泛聲：在詩句中語意可以停頓的地方，尤其是韻腳的所在，或者是個人別有體會的重要字詞處，加上修飾性的聲腔，這修飾性的聲腔可長可短、可高可低、可加可不加。（但如果整首詩都沒加任何修飾性的聲腔，全詩將單調

呆板、韻味不佳。）例如馬致遠〈天淨沙‧秋思〉曲，第二句「小橋流水人家」的「水」字的尾腔，加上泛聲，就能塑造水波流動的效果。

[5、調整音階]：句子與句子或字詞與字詞之間，可以讓聲音升上去或降下來，就像李清照〈武陵春〉這首詞的第一句「風住塵香花已盡」，「花」字的行腔往上揚的情形就是。調整音階的依據，來自於詩歌詞句中的空間訊息與情緒訊息，例如「床前明月光，疑是地上霜」，第二句應該比第一句低；又如「山映斜陽天接水」，「水」字的音階應該比「山」或「斜陽」低，這是依據空間訊息而調整；「甚矣吾衰矣」的「甚」字音階較高，以及「風住塵香花已盡」的「花」字就是依據情緒訊息而來。依此類推。

[6、確定節奏]：節奏往往是影響聲情表現適宜與否的重要關鍵。一首詩歌作品，它的情韻究竟屬於激昂慷慨，還是婉轉低迴，詩句間的快慢變化應該如何，都要靠細膩的節奏調整處理出來。（潘麗珠，2001：B）

　　1～3是基本步驟，4～6是為了豐富聲腔旋律使不至於呆板的增添步驟。只要依循此六個步驟，大家就可以運用國語及任何一種母語語言（包括河洛語、客語、原住民語、廣東話、四川話等等），進行詩歌的吟詠活動。更進一步的，如果吟詠的「腔」經反覆推敲而確定之後，若再加上前奏、間

奏和尾聲，則形同作曲。無論是都會區的孩子或鄉鎮區的孩
子，都可以用他們所擅長的樂器或歌聲，進行這樣的創作活
動。初始也許不習慣，耐心練習自會有成。

　　依據上述六個步驟，筆者〈南呂四塊玉・閒適〉的吟詠
曲，示例如下：

5 － 3 － 1 － 3 － 5 － 1 － 5 -- 5 -- 5 －
舊　　酒　　沒，　新　醅　潑。
3 － 5 － 1 － 2 － 3 － 5 － 6 － 6 － 5 － 6 -- 6 --
老　　瓦　　盆　　邊　　　笑　呵　呵，
6 － 5 － 6 － 6 － 3 － 5 － 1 － 3 － 3 -- 5 － 1 --
共　　山　僧野　　　叟閒　吟　和，
他出一對雞，我出一個鵝，（不吟唱，夾「誦」方
式）
3 － 2 － 1 -- 3 － 2 － 1 --
閒　快　活。閒　快　活。

　　建議國語文教師和音樂教師合作，由音樂教師將詩歌作
品通過上述步驟完成一曲後，請國語文教師聽一聽有無「倒
字」或情味不符處，修改、確定後教給學生，為他們做一示
範，帶他們唱。如果是中學生，下課之前規定作業，要求學

生回家挑一首自己喜歡的古典詩，依照前述六個步驟完成一曲，在兩個星期之後交回。評量成果時，如果音樂教師樂意，可以請他共同參與。

三、國語文古典詩歌與「美術」學科的統整設計

「詩」與「畫」之間的匯通，素來是文藝美學家極為關注的課題，蘇東坡稱賞王維「詩中有畫，畫中有詩」，其來有自。究其原因，在於詩中存在著許多圖畫般的空間意象。為了加深學生對詩歌空間意象的概念，喚起學生對詩歌意境的具體感受，國語文教師不妨與美術學科教師合作，共同進行一場名為「詩與畫的對話」統整教學。其具體步驟如下：

首先，兩位教師合作從某些詩句出發，挑選幾幅山水、景物類的圖畫，拍成幻燈片或製成電腦光碟運用point out（或揀選如故宮、史博物館等所售現成之幻燈片亦可），國語文教師並思考如何向學生解說詩句與畫的關係，並準備「踏花歸去馬蹄香」的故事。

其次，由美術教師向學生解說所選圖畫之構圖、設色、繪畫技巧等，並介紹各種繪畫工具如鉛筆、毛筆、水彩筆的使用方法、表現效果及注意事項。如果美術教師能夠談一談如何賞畫更好。

再者，教師向學生展示預先由美術老師擔綱繪製好的

〈南呂四塊玉・閒適〉一詩的畫片，詳細地為學生解說繪製構想、過程，及遭遇的困難與解決辦法。

最後，將同學們分組，每一組必須選出一首詩，以共同創作的繪畫或攝影方式，將那首詩的部分或全部詩句呈現出來。在成果發表時，先不要告訴大家是哪一首詩或哪一句詩，請大家猜一猜，有獎徵答，必能塑造許多高潮與趣味。

上述步驟，以簡圖示之如下：

◆「詩與畫的對話」教學活動◆

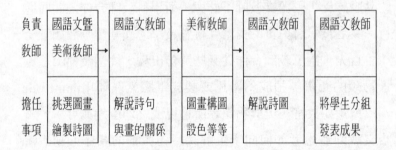

負責教師	國語文暨美術教師	國語文教師	美術教師	國語文教師	國語文教師
擔任事項	挑選圖畫繪製詩圖	解說詩句與畫的關係	圖畫構圖設色等等	解說詩圖	將學生分組發表成果

四、古典詩歌與「體育」學科的統整設計

美籍華裔大提琴家馬友友曾與舞蹈名家合作，將音樂作品與舞蹈結合，獲得極大的迴響。「體育」學科中，無論是球類運動、體操、田徑、水上運動等，對於肢體動作均有嚴密的要求，這樣的要求若結合詩歌作品來表現，將造成什麼

樣的光景呢？詩是可以舞動的，《墨子‧公孟》篇有所謂「舞詩三百」，如果國語文教師委託體育教師幫忙，針對〈南呂四塊玉‧閒適〉設計近似舞蹈的肢體動作，那是確實可行的事，只要給予足夠的時間思考、排練，配上音樂教師創製的曲子，那就是「詩、樂、舞」合一的教學活動。學生也許不見得都能學得好，但上古典詩歌課程卻能經驗身體律動，不但強化了學習效果，也可以提升學習興趣。尤其對於好動、愛舞的學生，更是一帖對症的良方。

五、〈南呂四塊玉‧閒適〉之「四合一」統整教學

所謂「四合一」的教學活動，即是將前述二、三、四點結合起來，構成一系列、完整之〈南呂四塊玉‧閒適〉教學流程。具體步驟，圖示如下：

六、可能遭遇之問題及解決方法

國語文與其他學科之統整教學，可能遭遇之問題不在於教師是否有合作習慣，而在於上課時數之分配與安排，以及

「由誰主導」的問題。「習慣」是可以建立的，教師面臨新
的教學制度，勢必得調整心態，培養新的習慣以取代舊的習
慣。然而，上課時數如何計算？課時如何安排？該課時究竟
由誰主導？卻是學校排課者的空前挑戰，以及各科教師內心
不安的重大疑慮。

其實，「由誰主導」的問題，只要秉持為教學生色、為
學生好的初衷，教師之間溝通良好、彼此協調，問題容易解
決。上課時數之計算，如果確定各科統整教學的合作對象，
教師嚴密設計教學進度與流程，理論上問題可獲解決，然而
其所牽動之課程、課時安排以及各科教師員額度是否足夠，
卻十分棘手。此一部分實非筆者所能置喙，尚有待課程專家
提出適當、可行之解決辦法。

七、關於合科統整之「多元教學評量」設計

英國學者伯恩斯坦（B.Bernstein）將課程分成「聚集
型」和「統整型」兩類；在愈民主開放的社會中，知識的結
構愈有統整的傾向。（B.Bernstein，1990。另，請參考本
書前一篇文章。）

也就是說，統整型之評量宜採「多元化」之考察方式，
不應單一地以傳統之筆試方式為之。此次「國語文和音樂、
美術、體育之統整教學」的評量設計，宜從學生是否善於傾

聽、參與活動是否積極、有獎徵答的發表是否踴躍、說話內
容是否切題有見地、口語表達之語音是否明晰、身體律動是
否合乎節拍或顯現熱情、繪圖內容能否合乎詩境、吟誦曲調
能否富有創意、聲情的詮釋力或創造力如何、是否積極做筆
記等各方面，加以評量，注意學生之進步情形、積極情形及
創意情形。

　　總之，從各方面做多元之觀察，使學生能確實明白自己
之優點，鼓勵其多加發揮，朝培養專業能力之路邁進，激發
學生的潛能；亦能讓學生針對自己的缺點，給予修正、遷
善。而依據上述理念，可能的話，教師不妨設計一本學習評
量冊，做歷時性的評量，俾能客觀而公正地評量學生之學習
狀況。

八、結語

　　「九年一貫」學制標榜的「課程統整」，就國語文學科
與其他學科之統整而言，有許多做法，本文所述，只是其中
的一種示例，變化運用，存乎一心。現今標榜跨領域、跨學
科的學習，鼓勵教師既注意其他領域之發展，又能發揮個人
之專長，雖然「統整教學」多少造成教師心理上的不習慣，
但舊習慣可以被新習慣所取代。各科統整之過程，其實就是
教師重新學習的過程，教師只要能時時將自己放置在學習、

研究的狀態中，必能對學科之統整意義掌握得更清楚，教學
將更能得心應手、更有自信。

參考篇目

潘麗珠　九年一貫國語文學科內之統整實踐──以「友情」主題
　　爲例　國文天地　2001年
潘麗珠　古典詩歌聲情藝術及其美學義涵　國立臺灣師範大學國
　　文學報　2001年6月

國語文教學活動設計

古典詩歌聲情藝術及其美學義涵

一、前言

　　古典詩歌，含括詩、詞、曲三者；聲情，指詩歌的聲音情感，因此「聲情藝術」即指「表現詩歌聲音情感的藝術手法」，此「藝術手法」依音樂性之淺深，而有「讀」「誦」「吟」「唱」（歌）「弦」「舞」數種表現方式。然歷來對此數種方式之說法極爲糾葛，卻又習而不察、未細甄辨，復以年代久遠、音樂無法記錄之故，詩之可歌性、音樂性何在？知音日稀。更遑論聲情藝術之美學義涵。筆者於《雅歌清韻——吟詩讀文一起來》之〈序〉中①，曾提出以下諸問題：

　　第一，唐宋以前之人如何運用聲音處理詩歌作品？

　　第二，據本師邱燮友教授〈中國古典詩歌古譜的蒐集與整理〉一文所說，古書中有關曲譜的記錄，至少有「《敦煌樂譜》、《舞譜》、《琵琶譜》（於敦煌石室所發現唐五代人的寫

本）、「《開元風雅十二詩譜》」（收錄於朱熹的《儀禮經傳通解》）、「《白石道人歌曲》」（南宋姜夔自度曲）、「《樂律全書》」（明代朱載堉撰輯）、「《魏氏樂譜》」（明代魏皓所輯）、「《九宮大成南北詞宮譜》」（清代莊親王允祿奉敕編纂）、「《納書楹曲譜》」（清代葉堂編纂）、「《碎金詞譜》」（清代謝元淮輯）、「《集成曲譜》」（今人王季烈、劉富樑合撰）、「《與眾曲譜》」（王季烈編輯）等等。②而在沒有這些曲譜以前，詩歌有無既定的曲調可唱？

第三，對於非知識分子之一般庶民而言，他們是如何運用聲音表現對詩歌的熱情呢？

第四，有無不依賴唱調，以各種方言皆可通用、表現之吟誦方式呢？

第五，運用聲音以表現詩情，究竟有幾種不同之基本方式？

以上諸問題，長年以來的詩歌方面研究不是較少觸及，就是未能提出清楚確切之說法。本文即針對上述問題展開思辨，旨在探討古典詩歌聲情藝術的幾種表現方式，釐析歷來說法之可討論處，以實際的詩詞曲例證述「讀」「誦」「吟」「唱」（歌）「弦」「舞」如何呈現，及其可能遭遇之難題與可行的解決方法，並闡述詩歌聲情藝術之美學旨趣與美育功能。

二、古典詩歌聲情藝術之表現

　　歷來對於古典詩歌聲情藝術之數種表現方式：「讀」
「誦」「吟」「唱」（歌）「弦」「舞」，其中「誦、吟、
歌」或語兼多意、義界未明，或歷時有變、觀念不清，時至
今日，雖博學精研之士亦不細察其異③，遑論一般大衆難分
「朗讀」與「朗誦」、「吟詩」與「唱詩」之不同，甚且不
知有「弦詩」與「舞詩」，以至於詩道振興不易，洵爲可
惜。故先就數種表現方式釐清其義。

(一)「讀」「誦」「吟」「唱」（歌）「弦」「舞」辨

　　古典詩歌，詩歌、詩歌，詩誠可歌，如同任半塘所言：
「六朝樂府、聲詩、雜言歌曲諸體，有一公性，即同爲歌
辭，彼此之歷史關係則甚密切，無從割斷或兼併。」④然關
於此「歌辭」之歌法或音樂表現方式，他又以爲：「自宋初
文人士大夫間開始漠視以來，迄今千載，治古文藝者對之，
一貫冷淡，絕少問津……過去凡就音樂文藝言唐人之詩樂
者，每意識爲此事缺乏內容，不成學術，雖有一二掌故，如
旗亭賭唱、〈竹枝〉、〈採蓮〉等，已早備於一般常識之中，未
足深述。」⑤其實在缺乏錄音技術的時代，音樂之難以記
錄，造成詩樂之不傳或大量流失，洵非「文人士大夫」之

罪。何況，若果詩樂之表現方式係薰染日久、自然可習而成
者，文人士大夫習焉不察，也是情理之常，正如同吾師長輩
之擅長歌吟者，未必將歌吟之方詳析示人是也。加之《詞律》
所謂「世遠聲湮，不可訂也。」⑥「聲」應即是「聲腔」、
「腔調旋律」之意，因爲時代久遠而失傳，無法考訂。因
此，任半塘之說，恐未必客觀。然則，古典詩歌之聲情藝術
表現方式究竟爲何？或可從以下數則文字記載，加以思辨、
推敲：

　　1.《墨子・公孟》篇：「誦《詩》三百，弦《詩》三百，歌
《詩》三百，舞《詩》三百。」

　　清代吳喬於〈答萬季野詩問〉文中曰：「三百篇莫不入於
歌喉。」即點出了三百篇之可歌性，只不過此「入於歌喉」
之確實意義，例如有無器樂伴奏或固定腔調旋律，還是純粹
清吟歌詠，有待細析。吾人自《墨子・公孟》篇此四句話，可
以看出《詩三百》乃可誦、可弦、可歌、可舞，且於時間上顯
然有其音樂性之發展次序：先「誦」，次「弦」，繼
「歌」，後「舞」。⑦並由是知「誦」與「歌」不同：
「誦」既在「弦」之前，音樂旋律性當不受管絃之拘限；
「歌」已然是經過配樂（「弦」）之「歌」，具濃厚、穩定
的音樂性與旋律性，亦即今人所謂之「歌唱」。如此之發展
次序，極符實際，蓋生民之始，詩律來自勞動，情動於中而

形於言，人籟先於器樂聲籟，當彼之時，初無弦、歌、舞之
製，弦、歌、舞乃稍後之事。朱熹即曾說過「方其詩也，未
有歌也；及其歌也，未有樂也。」⑧此即任半塘所謂「蓋先
民之達其心志也，始則勤於勞動以後，信口而謠，或循宇宙
自然之象，弄器有聲而已。」⑨「信口而謠」，即是民歌初
始形態，非「書契以來，代有歌謠。」⑩之「歌謠」意（此
「歌謠」已涉文字，宜指「詩」）。唯此民歌之初始形態並
非樂舞興盛、極富規律之形態，民歌具一定之規模亦經時代
變遷，受文士詩樂影響而成。而「循宇宙自然之象，弄器有
聲」之意，並非爲詩歌作品而弄器有聲，實是純器樂之獨
響，不應與爲詩歌伴奏相混。（但後來之器樂發展，當然可
爲詩唱伴奏；或由器樂獨響，依腔塡詞亦可。）「弦」與
「歌」之別在於：有肉聲與無肉聲之分，二者俱有管絃之
聲。「舞」詩，則又配上肢體舞動（此肢體舞動與後世所謂
之「舞蹈」猶有差距），已然是「詩、樂、舞」一體，此詩
樂舞一體爲後世戲曲之發展留下契機，同時也在戲曲中留下
巨大而美麗之身影。

又，《詩・鄭・子衿》毛亨傳曰：「古者敎以詩樂：誦
之、歌之、絃之、舞之。」是可確定「誦」、「歌」確實不
同，及：詩有「誦、歌、絃、舞」四種與「音樂」有關之表
現方式。「歌」即歌吟；「絃」因在「歌」之後，則是以器

樂演奏、並融入唱。此處之次第與〈公孟〉篇略爲不同，筆者以爲毛亨所傳，或有其時代所存之事實以爲依據，就詩歌聲情表現方式之學習進程而言，先誦次歌後絃終舞較爲合理，因語言文字與歌喉之結合，相較於與器樂之結合，要方便、自然許多。而此種有誦、有歌、有樂、有舞之情態，到了南北朝，推想依舊存在。後秦佛念譯《長阿含經》，《經》一三曰：「作衆聲——貝聲、鼙聲、歌聲、舞聲。」極可能即是受詩歌之影響。經義要融入東土，勢必入境問俗，結合最易爲人接受之形式以表現之，有其方便性。不意此種「器樂歌樂舞容」合成之表現方式，反成爲後世詩歌「求諸野」之參考途徑。詩之可誦、歌、絃、舞，到了唐代似有變化，顧炎武《日知錄》謂「至唐而舞亡矣，至宋而聲亡矣。」就「舞詩」而言，當「舞」已非初始之自然地身體舞動，而成爲專業表現時，文人之詩歌聲情便逐漸集中於「肉聲」部分，而與自身之「舞詩」相距愈遠。唐代舞與詩之結合表演，有梨園、有敎坊，然「舞」已非文人士大夫事，李白「我歌月徘徊，我舞影零亂」之「舞」，畢竟與公孫大娘舞劍器之「舞」不同。不過，文人雅士宴會之場合，依舊可能有誦詩，有歌吟，有絲竹，有舞蹈，只是絲竹舞蹈大都不是文人自身之表現，甚至連歌吟亦可由歌妓代勞。

　　2.《尚書・堯典》：「詩言志，歌永言，聲依詠，律和

聲。」

　　詩是表達情志的，歌是拉長聲音而行的，聲腔依拉長聲音的表現而成，旋律是跟著聲腔而發展的。〈堯典〉所記，與筆者之認知與實際經驗，全然相符。吾人將讀詩之聲音拉長，稍加變化，使其合乎頓挫抑揚，這就接近歌吟之方式，再據之轉成聲腔，並確定節奏，即成爲可歌唱之腔調旋律。（詳下文「實例」）〈樂記〉篇亦云：「詩，言其志也；歌，詠其聲也；舞，動其容也。」容，樣貌之意；舞動之樣貌有可能是隨歌吟旋律自然地手舞足蹈，則此「舞」非後世律動中節、講究肢體伸展、具一定規模之所謂「舞」意。印證《詩・大序》所說：「詩者志之所之也，在心爲志，發言爲詩，情動於中而形於言，言之不足故嗟嘆之，嗟嘆之不足故永歌之，永歌之不足，不知手之舞之足之蹈之也。」可相發明。所謂「情動於中而形於言」，可理解爲一般所謂之「讀」，而「言之不足故嗟嘆之」可理解爲「誦」，「嗟嘆之不足故永歌之」可理解爲「歌吟」，「手之舞之足之蹈之」雖爲「舞」，是否即後世所謂之「舞」意，不無討論空間。因「形於言、嗟嘆之、永歌之、手舞足蹈」皆同一人，即詩人自身，若必將「舞」理解爲後世之「舞」，除非詩人於詩、歌、舞皆有所長，否則不易爲之。上述關於詩歌聲腔之由吟詠而來的論述，宋代沈括《夢溪筆談》卷五所說亦同此

理。其曰：「古詩皆詠之，然後以聲依詠以成曲，謂之協律。」由於詩之「曲」係由「以聲依詠」所謂「協律」而成，是故，文字音調與旋律腔調極其密合，聽者不虞聽錯字、會錯意。

3.《戰國策・秦策》二：「臣不知其思與不思。誠思，則將吳吟，今寢將爲王吳吟。」東漢高誘注曰：「吟，歌吟也。」

「吟，歌吟也」之說，足見「吟」接近「歌」，或根本即「歌」。〈毛詩序〉有言：「吟詠情性，以諷其上。」唐孔穎達疏曰：「動聲曰吟，長言曰詠，作詩必歌，故言吟詠情性也。」體會孔穎達之「疏」，吾人可知在其理解中，「吟」、「詠」皆「歌」。孔穎達此一理解，實亦反映了唐人於「吟、詠、歌」諸字之意義時常互通，吾人若不細加甄別，則易誤解。任半塘說：

> 杜甫「新詩改罷自長吟」、白居易〈吟元郎中白鬚詩兼飲雪水茶因題壁上〉「勸君飲濁醪，聽我吟清調」、李涉〈聽鄰女吟〉「含情遙夜幾人知，聞詠風流小謝詩。還似霓旌下煙露，月邊吹落上清詞」……凡此之「吟」，皆誦也。至若寒山「獨吟歌曲絕無憂」，又「吟此一曲歌」，李白「重吟真曲和清

吹」，高適〈聽張立本女吟〉「自把玉釵敲砌竹，清歌
一曲月如霜」……凡此之「吟」，皆歌也。⑪

任氏所引，涉及「吟、詠、歌、曲」，有可析辨處：

第一，〈聽鄰女吟〉和〈聽張立本女吟〉何以兩吟字義涵不
同，一爲誦、一爲歌？只因後者詩句中有「清歌一曲」之
說？

第二，唐人之所謂「吟」，是否兼含「吟、詠、諷、
誦、歌」，並不嚴密區分？

此二問題相互關聯，第二個問題若答案曰「是」，則第
一個問題之答案不辨自明。試看白居易〈清明日觀妓舞聽客
詩〉：

看舞顏如玉，聽詩韻似金。
綺羅從許笑，絃管不妨吟。

用「看舞」、「聽詩」實爲扣題，此處「吟」既有「絃
管」，必是有器樂伴奏之「歌」唱，並非如任氏所說：「不
曰『聽歌』，而曰『聽詩』，其非歌可知。」（見《唐聲詩》上冊
頁十九至二十）絃管當然可以不妨礙席間同時之吟，但有絃
管、有舞蹈，要說席間無歌而只有非歌之吟，孰而能信？白

居易「絃管不妨吟」之「吟」，就是「歌」，或許表演時夾
有非歌之「吟」，但宜以歌爲主。若果吾人檢閱唐人詩文，
當知「吟、詠、諷、誦、歌、曲」於唐代詩人而言，意義是
可相互指涉者，吾人理當細密析出其眞實所指與不同之處，
但不可誤判。例如《全唐詩》卷四，記唐宣宗〈弔白居易〉文，
有「童子解吟〈長恨〉曲，胡兒能唱〈琵琶〉篇」句。此處
「吟」與「唱」是「互文」修辭，換言之，「吟」即是
「唱」，那麼，這說明了白居易的詩之風行各地自不待言，
但一般老百姓如何能有絲竹管絃伴奏唱詩？顯然是以無絃管
伴奏之歌「吟」方式爲主。此一看法，若聯結《全唐詩話》卷
一「（李百藥）藻思沉鬱，尤長五言。雖樵童牧子，亦皆吟
諷。」之記載，加以斟酌，便更爲清楚。樵童牧子之「吟
諷」自是山村水泮之鄉間小調山歌，或是隨心而謳之旋律，
即使有調也無絲竹之奏，去文人雅士之「唱」尚有一大段距
離。

　　然則，「吟」究竟何指？郭沫若說「吟」是「無樂譜的
自由唱」。⑫南京師大教授陳少松以爲：「吟」有二義，一
爲「歌」，即歌唱；二是「不用琴瑟等樂器伴奏的歌唱，即
所謂徒歌，也就是今天所說的清唱。」⑬他舉了《莊子·讓
王》篇記載孔子弟子曾子歌《詩經·商頌》的例子：

曾子居衛，縕袍無表，顏色腫噲，手足胼胝。三日不
舉火，十年不製衣，正冠而纓絕，捉衿而肘見，納履
而踵決。曳縰而歌〈商頌〉，聲滿天地，若出金石。

曾子的「徒歌」，當然極可能是「清唱」，一則的確並無伴
奏，二則當時〈商頌〉或有既定唱（歌）法，因為詩經本身既
是教材，也是出使各國必備之學問。然而，「清唱」是已學
會某個固定腔調而依調唱之、未加伴奏，「徒歌」則未必有
固定腔調，兩者是否能夠直接畫上等號，不無疑問。但筆者
大致同意陳少松解釋「吟」及比較「誦」的說法：「所謂
『吟』，就是拉長了聲音像歌唱似的讀。」（見《古詩詞文吟
誦》頁2～3）、「『吟』重音樂的節奏，『誦』重語言的節奏。
『吟』時旋律往往鮮明，比『誦』悅耳動聽；『誦』時旋律一般不
太鮮明，比『吟』表意明晰。」（頁8）不過，筆者不大同意
他對「誦」的解釋：「所謂『誦』，就是用抑揚頓挫的聲調有
節奏地讀。」（頁7）以陳氏之說，難道一般的「讀」不需
讀得抑揚頓挫、有節奏嗎？「讀」和「誦」有何區別呢？以
下是關於「誦」的討論。

　　4.《禮記·內則》：「十有三年，學樂、誦詩、舞勺。」
　　此「誦」必含「歌」意，具音樂性，因「樂」、「舞」
都和音樂有關。吾人可以東漢鄭玄注《禮記·文王世子》「春

誦，夏弦」之例爲證，鄭玄曰：「誦謂歌樂也，弦謂以絲播
詩。」孔穎達《正義》說：「『誦謂歌樂』者，謂口誦歌樂之篇
章，不以琴瑟歌也。」雖「不以琴瑟歌」，此乃就配樂言，
並不能否定「歌樂」的音樂事實。但班固〈東都賦〉：「今論
者但知誦虞夏之書，詠殷周之詩。」書而曰「誦」、詩而曰
「詠」，除非「書」與「詩」之性質相同，則「誦」與
「詠」可視爲互文，意義相通。然而，班固又說：「不歌而
誦謂之賦。」鄭玄解之云：「背文曰諷，以聲節之曰誦。」
班固之說，「誦」與「歌」顯然有別，如果「歌」有琴瑟，
「誦」則無，但「以聲節之」。班固的說法和前引鄭玄「誦
謂歌樂也」之說不同，而無論「以聲節之曰誦」和「誦謂歌
樂也」之解釋有無衝突，已然顯示：漢人對於「誦」與
「歌」並沒有嚴密思辨其間差異。此種情形影響所及，後世
紛亂依舊。曾慥《類說》八，載《集異記》「旗亭賭唱」事，文
內「唱」、「謳」雜用，而標目又曰「伶伎誦詩」，是
「謳」與「誦」皆可指唱也。⑭

　　筆者以爲：「誦」初始確與音樂有關，至「弦」、
「歌」發展，離樂徒歌之「吟詠」特色愈加明確，於是
「誦」之音樂性又較「吟」淡，離「歌樂」也愈遠，誠如任
半塘所說：「今之所謂古詩，其有聲也，誦先於歌。」⑮
「誦」是先於「歌」，但「歌」之表現形式一旦確立，即形

成「惟『誦』之聲無定調，爲朗讀，爲時言；歌之聲有定調，爲晉曲，爲永言。」⑯所謂「詩之所自得者：始也，在能表達形象、感情於有聲之語言及有韻之吟誦……由此前進：而誦聲，而歌聲，而合樂之聲，而合舞之聲，而合表演之聲」是也。⑰「誦之聲無定調」，筆者同意，但「爲朗讀」是又與「讀」不分，且「『誦』猶戲曲中之乾念」⑱的說法，是未細究戲曲之乾念有「韻白」與「土白」（方言白）之分，「韻白」念法近於「吟誦」而傾向「吟」，「土白」念法近於「讀誦」而傾向「誦」，因爲戲曲念白畢竟屬於表演，故不是一般的「讀」。

5.《文心雕龍・樂府》：「樂辭曰詩，詩聲曰歌。」又曰：「詩爲樂心，聲爲樂體。」

「辭樂曰詩」，可見詩有辭有樂；而「詩聲曰歌」，此「聲」必依樂而「歌」。然則「聲爲樂體」之「聲」，究竟何指？可否指歌？指弦？指舞？《唐聲詩》之說，或可參考，其言曰：「誦詩不如吟詩，吟詩不如歌詩，歌詩不如樂詩，樂詩不如聲詩。」（頁21）此說點出了詩歌聲情藝術之發展進程：誦詩、吟詩、歌（唱）詩、樂詩、聲詩。何謂「聲詩」？試看任半塘對「唐聲詩」之定義，應可明白：

「唐聲詩」，指唐代結合聲樂、舞蹈之齊言歌辭——

五、六、七言之近體詩，及其少數之變體；在雅樂、
雅舞之歌辭以外，在長短句歌辭以外，在大曲歌辭以
外，不相混淆。⑲

「聲詩」乃結合聲樂與舞蹈之藝術表現者，且專指「五、
六、七言之近體詩」。任氏所言，牽涉到「文士之詩樂與民
間之謠歌」的流變與相互影響，將以其他專篇討論之，此處
可著重於「結合聲樂、舞蹈」之說，是又比「樂詩」（弦
詩）之表現更爲繁盛。不過，「誦詩不如吟詩」之前，若能
加上「讀詩不如誦詩」句，將更加完善。吾人看詩，純用眼
睛讀取，是爲「默讀」；將詩句讀出聲來，則爲「朗讀」，
初步地以聲音表現詩句。雖曰「初步」，依樣得投入情感，
講究抑揚頓挫與節奏，才算得上「聲情藝術」。

據上所論，吾人或可將「讀」「誦」「吟」「唱」
（歌）「弦」「舞」之聲情藝術做如下之義界：

「讀」，有如說話一般，但比說話更講究聲音的抑揚頓
挫，以及情感的美化、深化、清楚化，不過，不宜偏離自
然。所謂「抑揚頓挫」，指聲音的高、低、小停頓、大休
止。吾人日常說話確有情緒顯現，例如對事物稱奇或表達難
以置信的語言情緒，和等人等得不耐煩的語言情緒當然不
同；又如激動不已和悲傷難忍的語言情緒也大相逕庭。

「讀」詩文時，宜將詩文之語言情緒刻畫出來，注意同一句子中也可以有抑揚頓挫的處理，而非呆板地只在不同句子裡考慮抑揚頓挫。好比杜甫「劍外忽傳收薊北」一句，可以是「劍外」兩字音低，「忽傳」兩字抬高，「收薊北」三字又更高；也可以是「劍外」兩字音抬高，「忽傳」兩字稍低，「收薊北」三字又抬高（比「劍外」高）；據此類推。哪一詞之聲音要抑、或揚，全看讀文章者之體會，宜多所嘗試，以找出最合乎文章情韻之讀法。然而，語言情緒之刻畫決不能誇張到失去常人接受之範圍，否則，即不能算是成功的、好的讀法。

　　筆者以為：「讀」是所有聲情藝術表現之根基，至為重要，若輕易忽之，「誦」與「吟」、「唱」便不容易有優秀表現。

　　「誦」，從「甬」字得聲。「甬」，「隆起」之意，因此「誦」之特色即把關鍵字詞或句子的聲音抬高、拉長。（但非每字、每句都抬高音或拉長音，因為聲音的長、短或高、低，都是相對之觀念，沒有短、低，便顯不出長、高。）「朗誦」一旦陷入「字字爭誦」（每字都拉長音、抬高音）或「句句爭誦」（每句拉長音、抬高音）的表達形式時，便形成「長音哀嚎」之淒慘狀，令人顫由心起，無法自然以對。「誦」若音長不顯，與「讀」相似；音長夠長且迴

旋如歌，則與「吟」接近。故吾人時見「誦讀」或「吟誦」並稱。

「吟」，從「今」字得聲，嘴形開得不大，是一種沒有譜的、自我性很濃厚的哼哼唱唱，特徵在於「永言」（即長音），且具音樂性，只是沒有穩定的節拍，乃至腔調。「吟」有極大的空間可以發揮創意，只要順著文字聲調以發展音樂旋律，使字調和聲腔完全結合，不讓字調倒掉即可。（例如把「青春」哼成「請純」、「花已盡」哼成「華衣錦」等等就是倒字；幾年前有一首流行歌曲〈妳知道我在等妳嗎〉，唱起來變成「妳知道我在瞪妳媽」，就是倒字所引起的笑話。不過，流行歌樂著重於旋律性更甚於語文的要求，有時甚至以旋律為主，宜另當別論。）「吟」之方式，使用國語、閩南語、客家話、原住民語、廣東話、四川話……任何一種方言，都可以行得通。

「唱」，從「昌」得聲，嘴形張得很大，是有一定的腔調、固定的節拍可供依循之表現方式。一般所謂之唱調，無論是創制或經過整理，都有確定之聲腔旋律，均「有譜」可供依循，因此，唱的人按譜行事，伴奏的人也照譜行腔，無論節奏快慢、旋律高低，都有定規，所以許多人一起合唱也不成問題。而且，因唱調是現成的，某些詩歌作品套用已有的唱調來學習，不失為一種方便、快速之學習方式。

「弦」，以絲竹管絃等樂器之音樂爲表現主體的一種聲
情藝術，重點在於塑造詩歌意境，渲染氛圍。其與「歌」之
不同，在於：「歌」詩時，器樂爲伴奏；「弦」詩時，歌聲
爲襯托，或者不是歌聲，而用「吟誦」，以凸出器樂聲美。

「舞」，融入肢體舞動的詩樂展現。「舞」詩通常有
歌、有樂，以顯示出「詩、樂、舞」一體之精神。若純粹之
舞曲，與詩之關係何在？令人較難理解。除非是標題性舞曲
（以題目將舞蹈性質明白標出），但也須器樂相成。

總之，「讀、誦、吟、唱（歌）」是詩歌聲情藝術表現
之基本方式，「弦、舞」則爲更豐富之複體表現，但無論是
哪一種方式，都必須以表現詩歌之文字情意爲最重要之依
歸，亦即，「聲情」是爲「文情」而服務的。此外，「讀」
或「誦」可夾用「吟」或「唱」以求方式之變化與聲情之活
潑；「吟」或「唱」時也可夾用「讀」或「誦」。不過，詩
歌大抵是以「吟、唱」加「誦」的方式居多，（劉熙載《藝
概・詩概》有云：「賦不歌而誦，樂府歌而不誦，詩兼歌
誦。」）一般文章則較單純地以「讀」爲主，偶爾加入
「誦、吟」以求表現。例如關漢卿元曲小令〈南呂四塊玉・
閒適〉：「舊酒沒，新醅潑，老瓦盆邊笑呵呵」，用「吟」
的方式，接下來「共山僧野叟閒吟和，他出一對雞，我出一
個鵝」用「誦讀」的方式，最後一句「閒快活」又恢復

「吟」的方式便是。

㈡古典詩歌聲情藝術表現之實例舉隅

詩歌之美,可從「文情」與「聲情」兩方面得之。文情方面,攸關音樂性之詩歌美學,一般自「押韻」、「平仄」、「句式」三方面入手。

詩之押韻,韻腳之聲音具有情感特質(如齊齒音具離情淒惻,姑蘇韻具哀傷哭泣之情感特徵等),此一說法是否可信,歷來看法不一,贊成或反對者皆有。就詩歌作品以論,有些有,有些似又沒有,此爲造成看法不一之主要原因。實則,此一爭辯所存在之盲點爲:未考量創作者(詩人自身)之音樂素養與創作自覺。詩人未必是擅長音樂者,也未必是對自家作品充滿自覺者,詩史上兼具詩人與音樂家身分之文人,不算太多。詩人對於己詩之用韻與詩情之間的關係,是否思慮周密,亦可觀察。《詩經》「昔我往矣,楊柳依依;今我來思,雨雪霏霏」有可能是不自覺者,然王維〈渭城曲〉「渭城朝雨浥輕塵……」及蘇東坡〈江城子〉「十年生死兩茫茫……」兩人之音樂素養無可置疑,若其音樂自覺,投射於詩歌創作中,或是音樂能力內化成創作之指導,即有助於此說法之肯定。然此尚有待吾人對詩歌作品進行大量之檢驗。

平仄協調,所謂「平平仄仄平」或「仄仄平平仄仄

平」，雖只規範平仄，但重視音律之美的詩人，對於陰平、陽平、上聲、去聲、入聲之相互搭配使用，能否造成音節瀏亮、口吻調利，或塑造聲情意境，極爲注意。「上上連用」被視爲作詩之「忌」即在於聲情不美。吾人日常語言，若全然出之以陰平聲，則似外國人初學中文，不知有聲調變化，感覺十分滑稽。而如何在規範中顯出自然，素來是詩家願意接受也表現成功之挑戰。

　　句式構成，則視詩句之語詞的組構方式。近體詩中之絕句、律詩或徘律，皆爲整齊句式，節奏上極爲諧和，之所以不顯呆板，正是因爲句式構成有所變化。例如王維〈山居秋暝〉：「空山新雨後，天氣晚來秋；明月松間照，清泉石上流。竹喧歸浣女，蓮動下漁舟；隨意春芳歇，王孫自可留。」一、二句爲「二、三」句式，三、四句爲「二、二、一」句式，五、六句爲「二、一、二」句式，七、八句復爲「二、三」句式。此句式構成，在以「讀、誦、吟、唱（歌）」聲情表現方式加以處理時，都宜細緻地彰顯出來，才能情靈逼肖，揭露詩人之才華與詩歌之美感。

　　至於聲情方面，茲以以下三首詩歌作品爲例說明之。

　　1. 王維〈山居秋暝〉：

　　　空山新雨後，天氣晚來秋；

明月松間照，清泉石上流。

竹喧歸浣女，蓮動下漁舟；

隨意春芳歇，王孫自可留。

「讀」，宜先有「語長」（以韻腳爲單位之句子長度）之概念。⑳讀時，兩句一組，「後」與「天」、「照」與「清」、「女」與「蓮」、「歇」與「王」字宜搭連緊密些，「秋」「流」「舟」「留」四字則停頓較久。「空山」「天氣」「松間」「石上」「竹喧」諸詞，音較提高；「新雨」「晚來」「明月」「清泉」「歸浣女」「下漁舟」「隨意」「王孫」諸詞，音略下降；「自可留」一詞，因是收束，音放慢，漸拉漸長。

「誦」，全詩之節奏較「讀」緩慢，抬高音之處如「空山」「天氣」「石上」等詞，更爲明顯。假設每一字音都拉長，則可替「吟」詩做準備。

「吟」，具有一種全民可以參與的性質㉑。宋代鄭樵《通志略・第一》曰：「凡律其辭則謂之詩，聲其詩則謂之歌。作詩，未有不歌者也。」作詩皆可歌，指的便是吟詠的方式。如何吟詠？據筆者多年研究暨揣摩，吟詠的步驟可概分爲六：細讀、淺誦、字調轉樂調、加上泛聲、調整音階、確定節奏。以下進一步說明：

(1)細讀：仔細閱讀詩歌作品，確實理解其意涵，推敲每個字與字之間、句子與句子之間的距離，還有每個字的聲音之長短、高低、輕重、強弱。

(2)淺誦：試一試將每個字音拉長看看，聲音不要太高地朗誦一下。這個步驟主要在幫助吟誦者能夠順利過渡到下一個步驟，初學吟誦者不宜輕易忽略「淺誦」的功夫，但熟悉吟誦方式的人，則可以跳過。

(3)字調轉樂調：也稱為「腔隨字轉」將詩歌作品中的每一個字，用歌的方式「讀」出來，而不是像說話一樣唸出來。例如「李登輝」三個字用「2-5-5-」的音唱出來就是。又例如閩南語歌曲〈車站〉「火車已經到車站」或〈流浪到淡水〉「有緣，無緣，大家來作伙」，其歌唱之處理方式，實際就是依照字調轉成音樂調子唱出來的。

(4)加泛聲：在詩句中語意可以停頓的地方，尤其是韻腳的所在，或者是個人別有體會的重要字詞處，加上修飾性的聲腔；這修飾性的聲腔可長可短、可高可低、可加可不加。（但如果整首詩都沒加任何修飾性的聲腔，全詩將單調呆板、韻味不佳。）例如馬致遠〈天淨沙〉曲，第二句「小橋流水人家」的「水」字的尾腔，加上泛聲，就能塑造水波流動的效果。

(5)調整音階：句子與句子或字詞與字詞之間，可以讓聲

音升上去或降下來，就像李淸照〈武陵春〉這首詞的第一句
「風住塵香花已盡」，「花」字的行腔往上揚的情形就是。
調整音階的依據，來自於詩歌詞句中的空間訊息與情緒訊
息，例如「床前明月光，疑是地上霜」，第二句應該比第一
句低；又如「山映斜陽天接水」，「水」字的音階應該比
「山」或「斜陽」低，這是依據空間訊息而調整；「甚矣吾
衰矣」的「甚」字音階較高，以及「風住塵香花已盡」的
「花」字就是依據情緒訊息而來。依此類推。

　　(6)確定節奏：節奏往往是影響聲情表現適宜與否的重要
關鍵。一首詩歌作品，它的情韻究竟屬於激昂慷慨，還是婉
轉低迴，詩句間的快慢變化應該如何，都要靠細膩的節奏調
整處理出來。就像李淸照詞〈武陵春〉之「只恐雙溪舴艋舟」
句，速度需逐漸放慢，一方面是慢慢接近尾聲，一方面也正
是因爲詞句意義上的關係所致。

　　筆者依據上述方式所吟詠〈山居秋暝〉之聲腔，記譜如
下：

5 5 5 3̲5̲	1̇6̇ — 6̲5̲	1̇ 1̇6̇	1̲2̲	3 —

空山 新雨 後　　天氣 晚來 秋

| 3̲5̲ 1̇6̇ 5 5 | 1̇5̇ — 3̲2̲ | 5 1̲2̲ 1̲2̲ 3̲2̲ | 1̇ — 6̇ |

明月 松間 照　　清泉 石上 流

| 3̲5̲ 1̇ 1̇ 6̲5̲ | 3 — 2̲1̲6̲ | 3̲5̲ 1̇6̇ 1̇6̇ 3̲5̲ | 1̇6̇ — |

竹喧 歸浣 女　　蓮動 下漁 舟

| 3̲5̲ 5̲4̲ 5 5 | 5̲0̲2̲1̲6̲5̲ | 1̲2̲ 3 3̲2̲ 5 | 5̲6̲ — |

隨意 春芳 歇　　王孫 自可 留

「唱」，依據旣有腔譜以歌之。〈山居秋暝〉爲五言詩，套用「福建流水調」情韻亦頗合適。其腔調爲：

| 3̲5̲·| 5̲3̲ 3·| 3̲ 2·| 3 1·| 2̲3̲·| 3̲ 2·|

空山　新雨　後　　天氣　晚來　秋

| 1̲6̲·| 1̲ 3·| 2̲1̲ 6·| 1 2 1 6 | 5 — |

明月　松間　照　　清泉　石上　流

| 3̲5̲·| 5̲3̲ 3·| 3̲ 2·| 3 1·| 2̲3̲·| 3̲ 2·|

竹喧　歸浣　女　　蓮動　下漁　舟

| 1̲6̲·| 1̲ 3·| 2̲1̲ 6·| 1 2 1 6 | 5 — |

隨意　春芳　歇　　王孫　自可　留

由於唐詩本身並無唱腔流傳後世，流傳者爲平仄譜，故民間、坊間經常套用許多唱調以方便學習。除了「福建流水調」，還有其他唱調如「宜蘭酒令調」等，也適合五言詩作。有關使用既有唱調所產生之問題，留待下一小節討論。

2. 蘇軾〈念奴嬌・赤壁懷古〉：

　　大江東去，浪淘盡，千古風流人物。故壘西邊，人道是，三國周郎赤壁。亂石崩雲，驚濤裂岸，捲起千堆雪。江山如畫，一時多少豪傑。　　遙想公瑾當年，小喬初嫁了，雄姿英發。羽扇綸巾，談笑間，強虜灰飛煙滅。故國神遊，多情應笑我，早生華髮。人生如夢，一尊還酹江月。

〈念奴嬌〉雙調，一百字。前段九句四仄韻，後段十句四仄韻。陳少松之吟詠聲腔，滕締弦記譜（引自《古詩詞文吟誦》頁156）爲：

念奴嬌

滕締弦記譜

大江 東去， 浪淘盡，千古風流 人 物。

故壘 西邊， 人道是， 三 國周郎 赤 壁。

亂 石穿空， 驚濤 拍岸， 捲起 千堆 雪。 江山 如畫，

一時 多少 豪 傑。 遙想 公瑾 當年，

小喬 初嫁了， 雄姿 英 發。

羽扇 綸巾， 談笑間， 檣櫓 灰飛 煙 滅。

故 國 神遊， 多情 應笑 我，早生 華 髮。

人間 如寄， 一尊 還酹 江 月。

　　另，根據河北大學出版之《碎金詞譜今譯》翻成五線譜之唱腔旋律如下㉒：

念奴嬌

北雙曲

蘇軾詞

散板

大江東去，　　浪淘盡，千古風流人　物。

故壘西邊，人道是，三國周郎赤　壁。

亂石穿空，驚濤拍岸，　捲起千堆雪。

江山如畫，　一時多少　豪　傑。

遙想公瑾　當年，小喬初嫁了，雄姿英　發。

羽扇綸巾，談芙蔲，檣櫓灰飛煙滅。　故國神遊，多情應笑我，

早生華　髮。人間如寄，　一尊還酹江月。

又，現代藝術歌曲亦有〈念奴嬌‧赤壁懷古〉之唱腔，以
管絃樂團演奏極為動聽，氣勢磅礡！但其聲腔旋律與文字之
聲調相去稍遠，不若《碎金詞譜》所載之聲腔與文字聲調較接
近。以管絃樂團演奏〈念奴嬌‧赤壁懷古〉即為「弦詩」，至
若再融入歌唱及相配之舞蹈，則為「舞詩」。此須舞蹈專業
人員之投入，否則難竟其功。

　　3. 馬致遠〈天淨沙‧秋思〉：

　　　枯藤老樹昏鴉，小橋流水人家，古道西風瘦馬，夕陽
　　　西下，斷腸人在天涯。

　　筆者數年前吟詠之聲腔，學生馬銘輝記譜如下：

當前筆者所吟詠之聲腔，略為不同，記譜為：

```
| 6  35·   6  53· | 5 - 5 - |
  枯 藤    老 樹   昏  鴉

| 3  35·   34 565 | 12  32· |
  小 橋    流 水   平  沙

| 6  53·   5 - 5 - | 51  6 1 6 |
  古 道    西 風     瘦  馬

| 53  12·   3  32 | 65  35·  35 65· |
  夕 陽    西 下   斷  腸   人 在

| i - 56 - |
  天 涯
```

何以前、後不同？「吟」詩本就屬於個人具創造性之聲情表現活動，有可能因個人背景、師承關係、身體狀況、當下對作品之體會等因素之影響，而有不同之吟詠表現，此乃「吟」詩之魅力所在，也是「吟」詩活動深具創造性之原因。前、後不同之吟腔，後者應較前者美聽，因爲：腔隨字轉之旋律更自然、泛聲所加之位置更恰當。

關於〈天淨沙・秋思〉，筆者相信以「弦」詩表現聲情是合適的，因氣氛可以鋪陳渲染，但欲「舞」詩，恐待斟酌，因舞蹈總帶有快樂因子，令人雀躍，與此作之情境不符。

顧頡剛《史林雜誌》初編有「徒詩與樂詩之轉化」一節，指《宋書樂志》三所見〈苦寒行〉云：「此篇當歌之時，凡分六章，每章四句；其首二句皆有迴環重沓之辭，是爲樂詩。」任半塘說：「所謂『迴環重沓』者，不外由於有和聲、疊句等，而此二者，實徒歌先有，樂歌後有。」（見《唐聲詩》上，頁13）此一說法，印證了筆者經常實踐之團體吟唱表現方式的可行性：當團體運作詩歌吟唱活動時，「獨唱、合唱、輪唱、疊唱及滾唱」㉓是經常使用之基本方式，其中輪唱來自疊句，滾唱運用和聲，綜合起來即變化多彩，令吟唱呈現出活潑、靈動之樣貌。同時，或吟或唱，或誦或讀，或弦或舞，交互呈現，以豐富詩歌之聲情藝術。

㈢可能遭遇之問題及解決方法

今人陳少松說：「《詩經》以後的詩歌，除楚辭、漢樂府、唐聲詩、宋詞以外，其餘的絕大多數詩樂分家，不能入樂歌唱……」㉔說「詩樂分家」，此「樂」顯然是狹義的，指固定聲腔、可披管絃之樂。凡詩歌作品，必然可讀、可誦、可歌吟，至於能不能唱，端視有無具體之聲腔流傳。誠如前面所述，由於唐詩本身並無唱腔流傳後世，所流傳者爲平仄譜，故民間、坊間經常套用許多唱調以方便學習。此爲一種不得不然之方便形式，但此一方便形式卻難免產生以下諸問題：

1. 唱調之旋律風格與詩歌情意是否相符？例如以「宜蘭酒令調」套李白〈靜夜思〉，旋律之歡快明顯與鄉愁不符。

2. 套用唱調以至倒字。例如以「宜蘭酒令調」套崔顥〈長干行〉，首句「君家何處住」將變成「君家何楚珠」，等等。

3. 經常被使用之唱調㉕有限，套用來套用去，詩歌作品難道不會因爲唱調之相同而互串、混淆？筆者一位朋友，即因套用唱調，將李白「朝辭白帝彩雲間，千里江陵一日還」接上王之渙「羌笛何須怨楊柳，春風不度玉門關」，而不自覺。

　　其次，雜言體詩歌如何套用齊言唱調之問題。長短句型
之詩作，若要套用一般流行唱調，除非削足適履。而即便將
所有流傳下來之長短句型的詞牌、曲牌聲腔，全部學會，面
對《全宋詞》、《全元曲》中之任何一首作品，試問：是否就能
夠取之以套用呢？吾人若比對《牡丹亭・驚夢》之〈山坡羊〉與
《琵琶記・喫糠》之〈山坡羊〉，將會發現二者之聲腔旋律並不
相同，易言之，曲牌或詞牌之套用，恐怕是一廂情願的想
法。

　　再者，曲譜或調譜只是平仄譜而非聲腔譜之問題。如
《康熙曲譜》實際是只有規範平仄聲調的填曲內容，看不見足
資歌唱的聲腔旋律。現存之可茲歌唱的古典詩歌唱腔譜，相
較於龐大之詩歌作品資料，的確所傳不多，且非一般庶民大
眾可輕易閱讀者（牽涉到記譜符號之解讀與轉換），如何是
好？

　　上述諸問題，可能之解決方法，筆者以為使用「吟」詩
之聲情表現方式，或可一舉得之。《唐聲詩》中說道：

　　　明人跋唐沈亞之《歌者葉記》，於唐人歌詩甚推崇，但
　　　誤解其歌可以隨意高唱，不須一定音節，不受宮商之
　　　限，且認如此是接近自然，斯為盛世之音……（見上
　　　冊，頁21）

任半塘說是「誤解」，筆者卻以爲「其歌可以隨意高唱，不
須一定音節，不受宮商之限」確有其事，且確實「接近自
然」，此即所謂「隨心謳」是也，跋《歌者葉記》之明人的看
法並沒有錯。「吟詩」之步驟，如同前一小節所述，其中至
重要關鍵在於「腔隨字轉」之字調轉樂調。由於聲腔是隨著
文字音調（情意附加其中）發展而來，自然不會倒字，聲腔
不會與情意不符，詩作之文字既不相同聲腔便不會相混，長
短句依樣可行，即使只有平仄譜亦不足以阻礙吟詩，是故，
一般大衆只要識字，無論以何種語言、語音處理之，按照
「吟詠」步驟來，皆可以一己之方式在詩歌園地裡通行無
礙。而之所以感到困難，一爲不明方法，二爲習慣所囿。若
能改變習慣，多加試驗，行之有恆，必定可對詩歌聲情藝術
之掌握，更有信心！

三、詩歌聲情藝術的美學旨趣與美育功能

素來，談詩與畫之間的關係者多，而論詩與音樂之關係
者少，箇中原因不難理解，蓋音樂較圖畫抽象，且較繪畫留
存後世之具體資料，除文字記載之文獻外，音樂殊難記錄故
也。然詩歌之繪畫性與音樂性，乃詩歌文學極其重要之兩個
藝術面向，本不應偏廢。音樂之美與音樂的美育功能，使詩
歌聲情聯結美學成爲可能。以下，即論述古典詩歌聲情藝術

之音樂性與美學的關係。

㈠古典詩歌聲情藝術的美學旨趣與表現基礎

《論語‧述而》篇記載：「子在齊聞《韶》，三月不知肉味，曰：『不圖爲樂之至於斯也。』」清楚地爲音樂美感人之深做了充分之見證！如此流風，至元代劉績《霏雪錄》猶記載：「唐人詩一家自有一家聲調，高下急徐皆爲律呂，吟而繹之，令人有聞《韶》忘味之意。」㉖「音」與「味」可「通感」，本爲美學基礎常識，《論語》所載，顯示孔子具此生命共感；而《霏雪錄》所述則又進一步聯結了詩、音與味，甚至凸出了詩之音樂性美感，並流露了詩之音樂性的美學命意：藝術創造及感動人心。吾人以或讀、或誦、或吟、或唱、或絃、或舞之方式傳現詩歌之聲情樣貌，其間涉及文字情意之理解與詮釋，以及聲音之情感滲透、發揮與表現，因此，各人自有各人之體會與主體性創造。

前述之「通感」情態，《文心雕龍‧聲律》篇亦載，所謂「聲轉於吻，玲玲如振玉；辭靡於耳，纍纍如貫珠矣。」又曰：「聲畫妍蚩，寄在吟詠；吟詠滋味，流於字句。」「聲」、「辭」屬於聽覺的「音」，「振玉」、「貫珠」具視覺形象；「聲」而有「畫」，「吟詠」而有「滋味」；皆爲饒富美學意趣之說，對其後所發展之「詩與畫」、「詩與

音樂」，以及詩歌美學之「滋味說」，具啓發作用。（容專篇討論之）若不談「通感」，詩歌聲情也具有獨立之審美價值。南宋周密《齊東野語》記一則故事：

> 昔有以詩投東坡者，朗誦之，而請曰：「此詩有分數否？」坡曰：「十分。」其人大喜。坡徐曰：「三分詩，七分讀耳。」

詩之文內容與朗誦分別評分，於此可以揣見東坡必然肯定詩歌聲情具有獨立之審美價值者。此「獨立之審美價值」在於詩歌音樂性動人之深，或具治療效果，或引起普遍之趣味、快感。《全唐詩》卷一百三十四，收錄李頎〈聖善閣送裴迪入京〉詩有「清吟可瘉疾，攜手暫同歡」句，顯示出詩歌聲情對人身體之妙用。《韻語陽秋》十七，引《古今詩話》記錄一則杜甫叫人吟誦自己詩作而治好瘧疾的故事：

> 杜少陵因見病瘧者，謂之曰：「誦吾詩可療。」病者曰：「何？」杜曰：「夜闌更秉燭，相對如夢寐」之句。瘧猶是也。又曰：「誦吾『子章髑髏血模糊，手提擲還崔大夫。』」其人如其言，果瘉。

以誦詩治病，科學上雖不免覺得荒誕，但音樂具有療效或奇
妙功能，卻也是日益被重視的不爭事實。㉗吾人不妨以詩歌
音樂美的動力內化成提振士氣的免疫能量視之。此外，朱自
清說：

> 梁啓超先生說過李義山的一些詩，雖然不懂得究竟是
> 什麼意思，可是讀起來還是很有趣味（大意）。這種
> 趣味大概一部分在那些字面兒的影像上，一部分就在
> 那七言律詩的音樂上。……至於小調和吟誦，更顯然
> 直接訴諸聽覺，難怪容易喚起普遍的趣味和快感。

朱自清肯定了訴諸聽覺的小調和吟誦容易喚起普遍的趣味和
快感，「趣味和快感」當然並不等於美感，卻絕對屬美學討
論之範疇。然而，何以「小調和吟誦容易喚起普遍的趣味和
快感」呢？這與小調和吟誦的親和力有關。從審美主體之心
理分析而言，土生土長的地方小調，和以地方語言即可表現
的詩歌吟誦，極易引發共鳴；共鳴產生，距離拉近，欣賞效
應加大，這就使得詩歌的文藝力量、詩性智慧愈有機會發揮
作用，甚至因而形成民族特有之文化態勢，美育功能於焉存
在。

　　此外，詩歌之聲情藝術關乎表現者之創造力，前略提

及，此復討論之。元代燕南芝庵《唱論》云：「繼雅樂之後，絲不如竹，竹不如肉。」又云：「大凡聲音，各應於律呂，……仙呂宮唱，清新綿邈。南呂宮唱，感嘆傷悲。……有愛唱的，有學唱的，有能唱的，有會唱的……」此中標榜的是人的「唱」，不是「仙呂宮」的曲調風格「清新綿邈」，而是演唱者能夠表現（唱）「清新綿邈」為美聽、為上乘。曲調之生命，乃表現者所賦予！若詩歌為審美客體，聲情藝術即為審美主體之創造表現，聲情美感之產生，關鍵在於審美主體（人）對詩歌客體之體會，以及融情入客體之歌唱表現。此歌唱表現關乎審美主體對詩歌之詮釋能力與表現技巧。

然則，審美主體如何表現詩歌的聲情美感呢？可以從以下五方面來說：

1. 字正音準的「傳意」意義

無論任何地區、何種語音，詩歌聲情倚賴語言傳遞訊息與情意，語言的字音是否準確，關乎接收者能否明白之至緊要處。

所謂「字正音準」，亦即無論使用任何地區之語言，都必須要求發音準確、聲調清楚。特別是朗讀古文時「者、也、矣」等句末上聲字的音調拿捏，更需嚴格講究。以國語朗讀古文為例，句末上聲字的讀法有三種：第一種是讀「前

半上」，第二種是把上聲的「214：」調「讀到」，第三種
是把上聲調「讀足」。這三種讀法，分別是在何等狀況下讀
出來的呢？例如陶潛〈五柳先生傳〉的「先生不知何許人也」
和「好讀書，不求甚解」，「也」和「解」字，因都是句中
語氣停頓處，只要將上聲的「214：」調「讀到」即可；
「宅邊有五柳樹」句，「柳」字因下面緊接著有字，只能讀
前半上的「211：」調；但到了「晏如也」句，「也」字因
是句末表示語氣完結的意思，上聲調必須「讀足」了，也就
是讀得很完整，才能顯示出文氣。上聲字還有一種特別的讀
法，那就是「也」字出現在疑問句的末尾時，如「何爲其然
也？」此時「也」要讀成「耶」，以示疑問的語氣。

　　另外，古文沒有輕聲字，語體文則有許多輕聲字和ㄦ化
音，於朗讀之時宜細心處理。當然，國語的聲母吐字要嚴格
區分ㄓㄔㄕ和ㄗㄘㄙ、ㄐㄑㄒ和ㄗㄘㄙ、ㄖ和ㄌ、ㄋ和ㄌ、
ㄏ和ㄈ的差別，而韻母的ㄢ和ㄤ、ㄣ和ㄥ、ㄟ和ㄝ要讀正
確，也是「字正音準」的要求。

　　至於，以閩南語誦讀古詩更要注意「語音和讀音」的問
題。以李白〈將進酒〉爲例，「呼兒將出換美酒」的「換」
字，閩南語有ㄨ開頭和ㄏ開頭的兩種念法，但在讀詩或吟詩
時，要念ㄏ開頭的音才對。又例如「一」字有ㄧ和ㄐ兩種開
頭的念法，吟詩時要念ㄧ音開頭的才對。諸如此類，閩南語

的語音和讀音問題遠比國語複雜，若不弄清楚，一不小心就會貽笑大方。坊間有許多書籍（例如楊青矗所編《臺語大辭典》）可供參考，以明白閩南語的語音和讀音，但說法仍頗紛紜。筆者認為：吟詩或誦詩，只要能夠確實詮釋詩歌原作的情感，用何種語言應看交流或學習者的方便性而定，若是堅持以某一種語言發音方為正確，不但是語言霸權之心態，亦恐將斲喪詩美之流播。

2.行腔圓滿的「美聲」意義

這一點和詩歌的吟、唱密切攸關，讀或誦的行腔問題較小。說到吟詩，行腔要講究韻母的歸音。所謂講究韻母的歸音，就是要注意韻頭、韻腹、韻尾，以張可久的〈清江引〉末句「一聲杜鵑春事了」的「了」字為例，「了」的國語發音韻母之韻頭是ㄧ，韻腹是ㄚ，韻尾是ㄨ，吟詩時都要照顧到才算準確。所謂「行腔圓滿」，可以從「調理氣息」、「依準情意」、「精進技巧」三方面講求㉘。

調理氣息：吟誦詩文時，氣息的調理是十分重要的，以朗讀或朗誦來說，有些句子雖然分成二、三句，卻必須一口氣念下來，或是形成音斷而氣不斷的實質，例如范仲淹〈岳陽樓記〉「銜遠山，吞長江，浩浩湯湯，橫無際涯」句，要讀得一句緊接著一句，音斷而氣不斷，才能顯示出洞庭勝狀。又如蘇軾〈赤壁賦〉「方其破荊州，下江陵，順流而東

也」句，也是要一口氣讀下來，才能彰顯曹操一世之雄的氣概。

以吟或唱來說，李清照〈武陵春〉「風住塵香花已盡，日晚倦梳頭」句，兩句之間的氣口很小，也就是說換氣要很快，否則韻味便會流失；再如王維〈山居秋暝〉「明月松間照，清泉石上流」，因是在同一個押韻韻腳的語長之內，所以兩句之間的聯繫得緊密些，吟唱時最好一口氣連貫下來，若要換氣，氣口也較小，文氣、韻味才符合詩之音律形式。至於，要使氣息能夠在詩文聲情的運用上合乎需要，則必須鍛鍊腹式呼吸之方式。讀誦吟唱時控制好氣息之使用，在適當的大小氣口換氣或偷氣，久而久之，累積了經驗，就能做到發聲響亮、飽滿、圓潤、優美且行腔婉轉、圓活、動聽。而為了能讓氣息調整到盡為吾用之理想狀態，平時宜多做以腹部深呼吸的吐納練習，練習時肩膀放鬆，兩手放在腹部接近肚臍下方的位置，以方便感知腹部鼓起和縮回的情形，此即一般所謂「鍛鍊丹田」呼吸之意。

依準情意：所謂「情動於中而形於言」，詩文聲情之表現，其聲音的高低、長短、輕重、抑揚、頓挫、斷續、疾徐等等，都會影響到對作品的詮釋；反過來說，作品本身思想情感的起伏變化，必得靠聲音之高低、長短、輕重、抑揚、頓挫、斷續、疾徐等等來傳現。一篇作品有其情感基

調，但細緻地玩味句與句、段落與段落之間的情感起伏，更
是詩文聲情表現能夠細膩、動人之處。例如張可久〈清江引〉
「江空月明人起早，裊裊蘭舟棹。風清白露洲，花落紅雨
島，一聲杜鵑春事了。」全篇基調是婉轉悠揚，且帶有一絲
憂傷，但全篇五句中，前四句和最後一句的情致顯然不同，
最後一句的音響應比前四句都要低，才能顯示「杜鵑」不如
歸去的象徵意涵。又例如李清照〈武陵春〉：

> 風住塵香花已盡，日晚倦梳頭。物是人非事事休，欲
> 語淚先流。　　聞說雙溪春尚好，也擬泛輕舟。只恐
> 雙溪舴艋舟，載不動，許多愁。

就像李清照其他後期作品一樣，全篇籠罩著排遣不去的愁
緒，作品的基調無疑是傷感難過的，但下闋的開頭兩句，聲
情表現卻應該較其他句子樂觀愉悅些，方得以摹擬心情似有
轉機。到了第三句才又回到憂傷的意味，因此節奏漸慢，聲
音漸低，甚至還要呈現幾分悽楚才合乎作品的韻致。

　　精進技巧：這裡要強調的是「收音的講究」：句末字
尾不能收得太快、太硬，應讓氣流慢慢地由強到弱，聲音漸
漸地從字腹過渡到字尾。講究收音，才不會感覺收束匆促、
草率，聽起來軟弱無力。對於吾人所不習慣者，吾人皆須多

做練習，自會建立新的習慣，且日進有功。

3. 以聲傳現情靈逼肖

人的聲音可以表現情感，可以顯現歡聲、疑聲、怒聲、厲聲或驚聲等等，而這些聲音都可以用來細膩地表現作品的情韻。詩文的聲情表現很重要的一個觀念就是：運用聲音傳達作品的情意以感動聽者。詩文作品是有情意的，據陳少松說，古代作品用聲寫象的方法主要有三種：「第一，用摹擬事物聲音的象聲詞直接刻畫被描寫的對象。第二，字音的選擇往往與表情達意有關。例如詩、詞、曲等韻文的用韻上。第三，聲音的抑揚頓挫往往是情感起伏變化的表現。」㉙如明代無名氏的作品〈圈兒詞〉，這首曲子的最後兩句「還有那數不盡的相思，把一路圈兒圈到底。」在聲情表現上，因為前面的兩句「整圈兒是團圓，破圈兒是別離」行低音腔，而數不盡的相思是此曲的高潮，所以這兩句從「還有那」開始便行高腔，而在「相思」二字到達最高音，「把一路圈兒」維持高音，「圈到底」的行腔再漸次下滑，為的就是傳達作品的情致。

4. 因聲顯塑詩境畫意

所謂「因聲顯境」，就是運用聲音的抑揚頓挫、語速的疾徐變化和腔調的婉轉曲折，塑造、再現出作品的意境，令聽者有如親臨眼見一般。作者寫作之時，往往賦予作品特定

之背景情境，好比李白〈送孟浩然之廣陵〉：「故人西辭黃鶴樓，煙花三月下揚州；孤帆遠影碧空盡，唯見長江天際流。」送別之場景是三月煙花正盛，而此樂景適足以反襯哀情；送行之人不忍離去，目光隨著船隻遠行，直看到江流天際。吟、唱時宜將此景此情塑造出來，「煙花三月」宜唱得充滿美感，而在「碧空盡」、「長江」與「天際流」處，引聲慢唱，聲腔拉長，以刻畫離情之依依。

又如歐陽修〈浣溪紗〉：

堤上遊人逐畫船，拍堤春水四垂天，綠楊樓外出秋千。　　白髮戴花君莫笑，六么催拍盞頻傳，人生何處似樽前。

這是一幅春景遊宴圖。聲情表現時語速宜快捷些，多使用歡聲，方能形塑出歌舞樽前的歡樂情境。總之，詩文是有情境的，如何因聲顯塑情境，以帶領聽者進入作品的意境、領略美感，也是詩文聲情表現一個具詮釋性的重要課題。

5.以創造力凸顯風格

詩文的聲情表現，是一種具有創造性質的藝術鑑賞活動，其特殊處，就是能充分地顯示表現者不同的個性與鑑賞層次。有人自覺音色不好，便對詩文的讀誦吟唱缺乏信心，

可是詩文聲情表現聽的不完全是音色，更看重的是韻味。每
個人的聲音條件不盡相同，讀誦吟唱的方式也互有差別，再
加上生活體驗、思想情感、性格特徵、審美趣味、藝術修養
和師承背景不同，難免表現方式有異，但無論如何，只要能
夠正確、深入地鑑賞作品，越多所玩味與咀嚼，就越能掌握
作品的音樂美和意境美。

　　然後，在這樣的基礎上凸顯自己的風格，自能塑造一種
聲情的美感，引發聽者的注意力。各人有不一樣之表現風
格，此乃極其正常、自然之事，只要表現得宜，沒有什麼不
好。男聲有男聲之特色，女聲有女聲的優點；成熟的聲音有
其磁性，稚拙的聲音也有其風韻。如何善用聲音，發揮所
長，是詩文聲情表現藝術關乎再創造以凸顯風格的一個要
點。

㈡詩歌聲情藝術的美育功能

　　詩歌聲情藝術具有美育之教化功能，自古即有相關記
載。《禮記・經解》篇：「其為人也溫柔敦厚，詩教也；……
其為人也溫柔敦厚而不愚，則深於詩者也。」詩教功能在於
使人溫柔敦厚，然必須「不愚」，才真是「深於詩者」。何
以詩能夠使人溫柔敦厚？與詩歌之音樂性大有關係。《左
傳・昭公二十年》：「先王之濟五味、和五聲也，以平其

心、成其政也。」五味濟，五聲和，能夠使民平心而政成。
《孝經·廣要道》篇記載孔子所說：「移風易俗，莫善於
樂。」音樂對人的影響眞是大矣哉！詩歌之音樂性與人之關
係，《論語·泰伯》說：「子曰：『興於詩，立於禮，成於
樂。』」宋代王灼《碧雞漫志》更明白地說：「詩至動天地，
感鬼神，移風俗，何也？正謂播諸樂歌，有此效耳。」明代
郎瑛《七修續稿》三，引馮少洲〈漢魏詩紀·序〉，更將詩歌聲
情之動人力量，刻畫得入木三分：

> 其發而爲聲詩，能使人甘聽忘倦，如飲醇酒。一唱而
> 三歎，能使人酸心出涕，使人長相思，使人起舞，使
> 人冷然斂袵，正色而坐，其味不同然。又有淡如勺
> 水，玄如太羹……

詩歌音樂性之所以能夠起到敎化之作用，與這樣的動人力量
有關。人民「甘聽忘倦」，不覺說敎；「酸心出涕」，有惻
隱心；「正色而坐」，心存正意。這是透過詩歌音樂性之潛
移默化，自然而然達到立禮、成樂之效果。《國語·周語下》
有言：「夫耳目，心之樞機也，故必聽和而視正。聽和則
聰，視正則明，聰則言聽，明則德昭，聽言昭德則能思慮純
固。」又曰：「夫耳內和聲而口出美言，以爲憲令，而布諸

民，正之以度量，民以心力從之而不倦，成事不貳，樂之至也。」以詩樂之力量，落實爲化民成俗，此之爲詩樂文化的至高精義！而具體說來，詩歌聲情藝術之美育功能，可以落實在「高效率學習」、「詩文情韻掌握」、「陶冶性靈」三個層面：

1. 視覺與聽覺共同運作成高效率之學習

吾人如果觀察一般學生之背書情形，可以發現他們多半是默背、不出聲音的，等考試過後，很快就忘掉所背的文章。何以如此？因爲默背課文只運用了視覺的學習效能，而單一地依賴一種感官之學習，其成果必然大打折扣。當今之學習策略，講求多元化之綜合學習方式，亦即運用多種感官之學習效能，以增進學習速度，增長記憶的時間，增強記憶的正確性，此之謂「高效率的學習」。早在南宋，朱熹即說過讀書有三到，《朱子語類》第十卷曰：

> 余嘗謂讀書有三到：心到、眼到、口到。心不在此，則眼看不仔細，心眼既不專一，卻只漫浪誦讀，決不能記，記亦不能久也。

「心眼專一」加上「口到」，口到有聲，聽覺即可發揮作用，這樣就能記得長久，因爲：眼看作品，口中或讀或誦或

吟，作品文字所顯示的意義和作品語言所具有的聲音分別作
用於我們的眼睛和耳朵，吾人之情感會被聲音所激起，同時
吾人之思維——理解和想像——開始活躍起來，依據視覺、
聽覺和聯合感覺所提供之意象，憑藉平時累積之各種知識和
體驗，喚起了強烈而深刻的記憶，對學習有極佳、極大之助
益。

2. 有助於掌握文之情韻與詩之可歌性

任半塘說：「善誦者可以發明詩文之精義，使人開悟，
而得其餘味；可以顯示詩文中之結構、作用，使人得謀篇修
辭之法。」（《唐聲詩》上，頁十五）相當程度地點出「誦
讀」與「文章謀篇」之微妙關係。

故：以教師之立場言，文章情韻如果只在字義修辭謀篇
上分析、解說，而不透過聲情的示範教導，充其量，只是二
分之一的文情教學，不能稱得上全面的語文教學。這就難怪
吾人之學生絕大部分不知道該如何朗讀文章，不知道該如何
吟誦詩歌。而極珍貴的誦讀藝術與傳統，於是乎漸漸失傳，
越來越沒有後繼者。全面性的語文教學，兼顧「文情」與
「聲情」，教師若能透過聲情之示範教導，必可幫助學習者
確實掌握文之情韻與詩之可歌性。美學大師朱光潛於《談美
書簡》中說：

　　過去我國學習詩文的人大半都從精選精讀一些模範作品入手，用的是「集中全力打殲滅戰」的辦法，把數量不多的好詩文熟讀成誦，反覆吟詠，仔細揣摩，不但要懂透每字每句的確切意義，還要推敲出全篇的氣勢脈絡和聲音節奏，使它沉浸到自己的心胸和筋肉裡，等到自己動筆行文時，於無意中支配著自己的思路和氣勢。這就要高聲朗誦，只瀏覽默讀不行。這是學文言文的長久傳統，過去是行之有效的。

雖然談的是自學者的學習，卻提醒吾人：對學生之教導，若能使他們熟讀成誦，反覆吟詠，一定也可以讓他們推敲出全篇的氣勢脈絡和聲音節奏，使它沉浸到自己的心胸和筋肉裡。則文章情韻自然胸有成竹，詩之可歌性也了然於心，對於「詩」與「文」之區別，除了形式方面之理解，音樂性的差異也確實得以明白。

　　3.陶冶性靈，變化氣質

　　動人的聲情，具有「陶冶性靈，變化氣質」之美育功能。豈不聞：「腹有詩書氣自華？」此言雖然說的是多讀詩書，但如何讀進心裡去而能反映在外表的氣質上，還是跟詩文聲情之學習與表現有關。晚清況周頤《蕙風詞話》卷一的一段話說得好：

> 讀詞之法，取前人名句意境絕佳者，將此意境締構於
> 吾想望中。然後澄思渺慮，以吾身入乎其中而涵泳玩
> 索之。吾性靈與相浹而俱化，乃真實爲吾有而外物不
> 能奪。

性靈能夠和前人名句意境絕佳者相浹而俱化，終於此意境眞
實成爲自己所有而外物不能奪，天下最好之財富莫過於此！
俗話說：「給孩子一條魚，不如敎他釣魚。」筆者認爲：敎
孩子釣魚，不如培養他有智慧的頭腦、有性靈的情懷，讓他
自己判斷該做什麼、該怎麼做，且做的時候如何擁有人的尊
嚴與格調。而要性靈能夠和前人名句意境絕佳者相浹而俱
化，吟詠諷誦是很重要的功夫，甚至可以說是陶冶性靈之不
二法門。因爲純粹的「看」容易忘，以聲情表現幫助學習則
不容易忘，不容易忘則可產生持久的效果，一旦身體力行，
內化於心之性靈便自然而然地指導其行爲，外顯之氣質即不
一樣了。葉聖陶便肯定吟誦會讓孩子達到一種境界，終身受
用不盡。他在與朱自清合著之《精讀指導舉隅》的前言中說：

> 吟誦的時候，對於研究所得的不僅理智地了解，而且
> 親切地體會，不知不覺之間，內容與理法化而爲讀者
> 自己的東西了，這是最可貴的一種境界。學習語文學

科，必須達到這種境界，才會終身受用不盡。

「吟誦」可以令人達到可貴之境界並終身受用不盡，這正是詩歌聲情藝術之美育功能！當精美之詩歌作品藉由聲情藝術之運作，烙印於吾人心版之上，內化成吾人抵禦挫折、不斷向上之動力，詩歌之美育功能盡顯於斯！

四、結語

綜合上所論，吾人可以針對「前言」所提之五問題，予以回答：

第一，唐宋以前之人，運用「誦」（包括「讀」）、「吟」、「歌」（即「唱」）、「弦」（即「樂」）「舞」等方式表現、處理詩情，都含有聲音的成分。

第二，邱師燮友於〈中國詩詞古譜蒐集與整理〉一文中所列之各式曲譜，內容實質並不相同，或為器樂譜（如《敦煌樂譜》、《琵琶譜》、《魏氏樂譜》、《樂律全書》），或為舞蹈樂譜（如《舞譜》），或歌曲之詞牌音樂譜（如《白石道人歌曲》、《九宮大成南北詞宮譜》、《碎金詞譜》），或歌曲之曲牌音樂譜（如《納書楹曲譜》、《集成曲譜》、《與眾曲譜》），雖皆與詩歌相關，側重面及詩體類別卻不一樣。而在沒有這些「譜」以前，「吟誦」或「歌吟」之方式係實質存在者，

並不一定有既定之曲調。

　　第三，民歌、歌謠的「肉聲吟誦歌詠」，是一般庶民運用聲音表現對詩歌熱情最直接之方式，配上器樂或合既定之調而唱，屬後起之事。

　　第四，「肉聲吟誦歌詠」之方式，正是以各種地方語言皆可表現詩歌情意者。此亦各個區域能擁有其地方小調、民歌之要因。然依賴唱調難免會有字音不準或聲情不符或句式長短不協之問題，宜慎重考慮。

　　第五，運用聲音以表現詩情，歸納起來有「讀」「誦」「吟」「唱」（歌）「弦」「舞」數種基本方式。實際運作，可以錯綜變化，更多采多姿。

　　此外，朱熹《大全集》二五：「得其志而不得其聲者，有矣，未有不得其志而能通其聲者也。」詩歌聲情藝術，乃是為文情而服務，故必得通達文情，方能將聲情藝術展現完美。反之，聲情藝術展現愈佳，愈顯露對詩歌文情之體會透徹，文情與聲情相輔相成，這亦是詩歌聲情藝術之重要美學旨趣。

附註

①見潘麗珠著，萬卷樓出版社出版《雅歌清韻——吟詩讀文一起來》。

②見《美讀與朗誦》一書第參部分。

③如本師邱燮友教授《美讀與朗誦》一書,「吟、誦、唱」之觀念不夠清楚;台東師院林文寶教授《朗誦研究》一書,也有相同情形;魏子雲先生《詩經吟誦與解說》一書,「吟誦」與「歌」相混;南京師大陳少松教授誤認「徒歌」即「清唱」(見《古詩詞文吟誦》頁2)等。

④見任半塘著《唐聲詩・上編弁言》

⑤同上。

⑥見萬樹《詞律》論〈何滿子〉。

⑦《論語・述而》篇「志於道,據於德,依於仁,游於藝。」〈泰伯〉篇「興於詩,立於禮,成於樂。」《大學》「大學之道,在明明德,在新民,在止於至善。」皆有次序性。《墨子・公孟》篇所言,就詩之音樂性進展思量,亦存在次序性。只是士人於誦、弦、歌、舞皆學會後,其玩味詩篇則將有所選擇,未必依誦、弦、歌、舞之次序。

⑧朱熹之說,見《唐聲詩》頁23轉引。

⑨見任半塘《唐聲詩・上編弁言》。

⑩見馮氏著《山歌》之〈敍山歌〉,墨憨齋主人所題。

⑪見《唐聲詩》上,頁18至19。

⑫見洪深著《戲的念詞和詩的朗誦・序》,1962年中國戲劇出版社出版。

⑬見《古詩詞文吟誦》頁1、2。

⑭轉引自《唐聲詩》上，頁22。

⑮同註⑪，頁15。

⑯同上註。

⑰同註⑪，頁22。

⑱同註⑮。

⑲同註⑪，頁21。

⑳此概念為台大中文系曾永義教授課堂上所提出。

㉑陳少松亦認為「詩歌吟唱原本帶有一種全民的性質」。（見《古詩詞文吟誦》頁9）

㉒引自《碎金詞譜今譯》劉崇德、孫光鈞譯譜第196頁。

㉓「獨唱」是一人吟唱；「合唱」是一組人一起齊唱；「輪唱」是你一句、我一句的吟唱方式；「疊唱」是第一組唱第二句時、第二組唱第一句，第一組唱第三句時、第二組唱第二句、第三組唱第一句……；「滾唱」是一人主唱、他人和聲，和聲人多而聲小以做為幫襯。

㉔同註⑬，頁9。

㉕經驗被使用之唱調，大致有宜蘭酒令調、福建流水調、鹿港調、天籟調、江西調、歌仔戲七字調、黃梅調等。

㉖見岳麓書社1985年出版《中國歷代詩話選》㈡第1101頁。

㉗莫札特音樂有助於胎兒在母體內之發展，聽音樂之乳牛其奶水

較豐、較甜等類似說法，醫學報告常見諸報章雜誌。

㉘參見陳著《古詩詞文吟誦》。

㉙同註 13，頁 8。

重要參考書目

律學新說　明・朱載堉著　人民音樂出版社

唐聲詩　任半塘（二北）著　上海古籍出版社　1982年版

山歌　明・馮夢龍著　江蘇古籍出版社　2000年版

美讀與朗誦　邱燮友著　幼獅文化公司　1991年版

品詩吟詩　邱燮友著　東大圖書公司

朗誦研究　林文寶著　文史哲出版社

文學與音律　謝雲飛著　東大圖書公司

古詩詞文吟誦　陳少松著　社會科學文獻出版社　1999年版

曲譜研究　周維培著　江蘇古籍出版社　1997年版

戲曲聲腔源流史　廖奔著　貫雅文化公司

中國音樂美學史資料注譯　蔡仲德注譯　人民音樂出版社　2000
　年版

中國音樂初步　苗建華、鴻昀著　廣東人民出版社　2000年版

民族音樂研究　劉靖之主編　香港商務印書館　1989年版

中國古代音樂教育　修海林著　上海教育出版社　1997年版

中國音樂的歷史與審美　修海林、李吉提著　中國人民大學出版

社　1999年版

美育論　杜衞著　教育科學出版社　2000年版

中國歷代曲論釋評　程炳達、王衞民編著　民族出版社　2000年
　版

歡迎大家一起來吟唱古典詩

頃讀《文訊》雜誌第 188 期「台灣古典詩的創作與研究」
專題，復興高中教師洪澤南先生所撰〈泥土已老，還種那花
那樹〉一文，深感其對詩歌教育之關懷與熱忱，然對文中所
批判的幾個詩歌教育問題，筆者以為不無思辨、商榷之空
間。

首先，是教材的問題。洪先生認為「將古典詩零碎幾首
放在課本中應景」，稱之為「泡菜化」。依此邏輯推論，戲
劇、小說或現代詩豈不連「泡菜」都不如？眾所周知，國語
文課本之編撰，因受課程標準或課程綱要之規範，本就存在
著選文或文體分配的高難度挑戰，每一種文類之篇章多寡，
並非可以任意為之，編撰者其實極費苦心。再說，站在第一
線的教師們，即使面對為數不多之詩歌篇章，仍然盡心而
為，努力而教，補充教材者有之，活絡教法者有之，從不以
「泡菜」心態面對，不知究竟是誰視之為「泡菜」？

其次，使用漢語、國語的問題。試問：和大陸普通話近

似的「國語」所使用的文字，不在「漢文」的範疇之列嗎？國語、四川話、山東話或廣東話等等不在「漢語」的範疇之列嗎？如果答案是「是」，則所謂「漢語」應該就是單指洪先生所說的「被學術界肯定，視爲保存中原古音、古義最完備的河洛讀音系統」了？然則，其文字和國語所使用的文字如何區分？還有，「河洛讀音系統」究竟是那個時代的語言呢？而在此時代之前的人，以及其他地方的語言使用者如四川人、山東人、原住民等等若不懂「河洛讀音系統」，就不可以吟詩、唱詩了嗎？洪先生是否自覺到：過去強力推行「國語」如果是一種霸權心態，今日斷然宣稱以「河洛讀音系統」才適合吟、唱詩歌，難道不是另一種霸權心態嗎？更何況「河洛讀音系統」本身的語音、讀音問題複雜，各家說法不一，迄今猶有許多爭論，洪先生亦不會不知吧？魏晉人士吟唱詩歌的方式和使用的語言語音到了唐代沒有改變嗎？李白的吟唱和韓愈的吟唱，方式、語音一樣嗎？韓愈和朱熹的吟唱方式相同嗎？時革代遷，音隨地轉，語言流變，其間問題之多與複雜，如果不做嚴謹細密的學術研究，常常是只知其一而不知其二。

一個喜愛詩歌、欣賞詩歌、研讀詩歌的人，以自己最擅長、最方便的語言吟、唱詩歌，有何不可？難道詩歌教育的本質，不是讓更多的人愛詩、賞詩、讀詩進而能夠「溫良敦

厚而不愚」嗎？站在詩歌教育的立場，有政府單位願意舉辦詩歌比賽，推廣詩歌活動；教師們願意以自己所擅長的語言，帶動古典詩歌的學習風氣；學生們能夠以自己願意使用的語言吟、唱詩歌，樂在其中；這都是極美、極好的事！

　　不管你使用哪一種語言，只要喜歡古典詩歌，歡迎一起來吟、唱古典詩歌！

——原刊於《文訊》189 期

國家圖書館出版品預行編目資料

國語文教學活動設計／潘麗珠著. -- 初版 --

臺北市：萬卷樓, 民 90

面； 公分

ISBN 957－739－362－4 (平裝)

1.中國語言—教學法 2.中等教育—教學法

524.31 90014403

國語文教學活動設計

著 者：潘麗珠

發 行 人：許素真

出 版 者：萬卷樓圖書股份有限公司

臺北市羅斯福路二段 41 號 6 樓之 3

電話(02)23216565‧23952992

傳真(02)23944113

劃撥帳號 15624015

出版登記證：新聞局局版臺業字第 5655 號

網 址：http://www.wanjuan.com.tw

E－mail ：wanjuan@tpts5.seed.net.tw

承印廠商：晟齊實業有限公司

定 價：200 元

出版日期：2001 年 9 月初版

2005 年 1 月初版二刷

ISBN 957－739－362－4